### ★★★ 이 책을 추천합니다 ★★★

★★★

　12월 3일, 비상계엄이 선포되던 그날, 우리 아이들은 어땠을까요? 아이들과 함께 있었던 부모님들과 선생님들은 또 어땠을까요? 강원의 한 작은 초등학교 교실에서는 이날을 수업으로, 동화로 풀었습니다.

　빛의 혁명을 이룬 시민들처럼, 아이들이 비민주적인 '김선생님법' 선포에 저항하는 모습은 놀라움을 넘어 감동을 줍니다. 시민들이 광장에서 민주주의를 지켜냈듯, 아이들은 스스로 소중한 친구들과 교실을 지켜냈습니다.

　교육과 민주주의가 '삶'이라는 것을 책 속의 아이들을 통해 배웁니다. 또 이 길을 열어주신 김선생님의 모습을 통해 이 시대에 필요한 수업은 무엇인지 깊이 생각해보게 됩니다.

　참 힘들었던 시간들, 저처럼 여러분들도 이 동화로 위로와 힘을 얻기를 희망합니다. 계엄과 탄핵을 겪은 아이들은 물론 어른들, 그리고 우리 사회가 함께 읽어야 할 민주 시민을 위한 동화입니다.

강경숙, 22대 국회의원

★★★

　나라의 주인(주권자)이 되어야 나 자신의 주인(주체)도 될 수 있습니다. 나라의 주인이 되려면 '나와 다른 또 다른 나'들과 함께 나라의 법을 만들어야 합니다. 김선생님법을 우리반법으로 바꾸는 이야기는 어린이들이 자기 자신과 나라의 주인이 되는 길을 잘 보여줍니다. 스스로 법을 만들고 그 법을 지키는 시민 자치의 모범입니다. 이 책의 주인공들처럼 '우리 일은 우리가 정해'라고 외치는 어린이들이 더 많아지도록 함께 하겠습니다.

박구용, 전남대학교 교수

★★★

　6학년이 "1학년은 어려서 다모임에 참여할 수 없다"고 말하는 것을 보며 미성년자에게 투표권을 주지 않는 우리 사회를 떠올렸습니다. 어른들은 어린이에 관한 법을 만들고 중요한 결정을 내리면서 정작 어린이의 의견이나 동의를 구하지 않습니다. 참 억울한 일이죠.
　정치는 어려운 일도, 어른들만의 일도 아닙니다. 학교의 규칙을 정하기 위해 함께 이야기하는 것, 그것도 정치입니다. 알고보면 우리 사회를 구성하는 요소 하나하나가 모두 정치이지요.
　동화 속 교실처럼 우리 사회도 어린이들이 자기 삶을 스스로 결정하는 분위기가 만들어지면 좋겠습니다. "어린이법은 어린이에게!" 이제그반 교실처럼 어린이의 삶을 좌우하는 결정에 어린이가 참여할 수 있는 평등하고 민주적인 사회를 꿈꾸며 이 책을 추천합니다.

강삼영, 전국교육자치혁신연대 상임대표

★★★

　주책맞게도 눈물이 났습니다. 구름숲초등학교 4학년 친구들이 하는 '정치'를 보며 말이죠.
　이제그반 친구들이 독재와 과두제를 넘어서는 과정은 쉽고 친근합니다. "우리도 참여하고 싶습니다"며 학교를 민주주의의 공간으로 만들고 지켜내는 과정은 생생하며 장하고요. 이 예쁜 이야기 사이사이에 '처단', '계엄', '광장', '탄핵'이 지나가는 것은 참 가슴이 아린 일입니다.
　이 책으로 어린 나의 아들에게 민주주의가 무엇이고, 우리가 어떻게 잃을 뻔했는지 조근조근 설명해주고 싶습니다. 충분히 설명할 수 있을 것 같습니다.

임재성, 변호사·전 KBS 〈시사직격〉 진행자

# 정치하는 아이들

"변화를 일으키는 것은 시민이다.
시민으로서 우리 모두는 정치에 관심을 가지고 참여할 의무가 있다."

_주제 사라마구(작가, 노벨문학상 수상자)

교실에서 시작되는
살아있는 민주주의 수업

글 김기수 | 그림 박연옥

wilma

# 차례

**프롤로그**    이상한 학교로 전학온 날 · 6

## 1장   김선생님법과 우리반법

'김선생님법'이 선포되다! · 14
선생님이 이래도 돼요? · 25
김선생님법 말고 우리반법! · 35

## 2장   다 같이 모이니까 '다모임'

이런 규칙을 지켜야 한다고? · 50
어리다고 무시하지 마 · 57
직접 참여해서 직접 결정하다 · 64

## 3장   우리 일은 우리가 정해

저학년부터 vs 고학년부터 · 78
이 책은 사면 안 됩니다 · 89
쌀인마를 반대합니다 · 99

 **위기의 다모임**

문제의 쪽지 한 장 · 110
다모임 파업을 선언하다 · 116
협상의 달인 · 123

 **학교 밖 일도 다 같이 모여서**

난 기부하기 싫어 · 136
사라진 버스를 되찾자! · 147
찬성이 있으면 반대도 있는 법 · 159
내가 TV에 나오다니! · 168

 **광장과 다모임 그리고 민주주의**

광장의 시민들, 다모임의 아이들 · 182
6학년 없는 다모임 · 191
어린이가 아닌 꼬마 시민으로 · 200

 프롤로그

# 이상한 학교로 전학온 날

"엄마, 여기는 좀 특이한 학교 같아요."
"그래. 작년까지 다녔던 서울의 학교랑은 다르지?"

우리 가족은 지난 주말에 이사를 왔다. 그리고 오늘은 나의 첫 등교 날이다.

　　전학 온 학교 이름은 '구름숲초등학교'다. 처음 학교 이름을 들었을 땐 좀 이상하다고 생각했는데, 뜻을 들으니 왠지 정이 갔다. '구름숲'이라는 이름은 학교가 숲 속에 있고, 구름과 햇볕을 늘 볼 수 있어 지어진 이름이라고 했다.
　　전에 다녔던 학교와 다른 건 이름 뿐만이 아니다. 주변 환경도 완전히 다르다. 시끄러운 자동차와 빽빽한 상가 대신 학교 가는 길에 논이랑 밭이 있다. 도시에 살 때는 잘 보지 못했던 풍경이라 신기하고 재미있지만 똥 냄새는 영 별로다.

"엄마, 다녀오겠습니다!"

　　주변을 두리번거리며 걷다 보니 어느새 학교에 도착했다. 나는 엄마께 큰 소리로 인사하고 씩씩하게 운동장 한

가운데를 가로질러 걸었다.

여기는 한 학년에 한 반만 있다. 게다가 4학년에는 나까지 아홉 명밖에 없다고 한다. 전에 다니던 학교에서는 제일 친한 솔미와 다른 반이 될까봐 늘 걱정했는데. 여기는 한 반밖에 없다니 그런 걱정은 안 해도 되겠다.

그나저나 솔미는 잘 있을까? 솔미처럼 친한 친구를 또 만들 수 있을까? 걱정된다. 한 반에 열 명도 안 되는데 친구들과 친해지지 못하면 어쩌지? 온갖 생각으로 머리가 복잡한 채로 현관 앞에 섰다.

그런데 실내화는 어디서 갈아신어야 하는 거야? 두리번거리고 있는 내 앞에 얼굴이 까맣고 짧은 머리를 노랗게 염색한 남자아이가 불쑥 나타났다.


"어? 넌 누구야?"
"나는 하라인데, 넌?"
"네가 하라구나? 나는 4학년 중에 제일 멋진 신승우야. 반갑다!"


자기를 '제일 멋진 사람'이라고 소개하다니. 학교만큼이

나 특이한 아이라는 생각이 들었다.
옆에 서 있던 승우와 꽤 닮은 여자아이가 말을 걸었다.

"난 지우야, 신지우. 나도 4학년이고 얘랑 쌍둥이야."
"와, 그래서 닮았구나? 나는 하라야, 구하라."
"그래, 반가워! 그런데 하라야, 쌍둥이에게 닮았다는 말은 좀 실례야."

지우가 새침한 표정으로 말했다. 신발장이 어디 있는지 물어보려고 했는데 안 되겠다. 지우가 날 싫어하는 건 아니겠지? 실수를 한 것 같아 마음이 불편하다.

"근데 왜 신발을 들고 있어? 혹시 신발장 찾니? 네 신발장은 여기야!"

지우가 내 속마음을 읽었는지 큰 소리로 말했다. '구하라' 지우가 가리키는 곳에 내 이름표가 붙어 있다.
자신감 넘치는 지우가 마음에 들었다. 흔쾌히 날 도와주는 걸 보니 지우도 나를 싫어하진 않는 것 같다.

"신발 다 갈아 신었니? 그럼 날 따라와."

승우가 말했다. 승우와 지우를 따라 복도를 지나 4학년 교실로 갔다. '이제그반'이라는 표지판이 보였다. '이제그'가 반 이름인가? 반 이름도 특이하다.

"얘들아, 하라 왔다!"

승우가 교실 문을 활짝 열며 큰 소리로 말했다. 이렇게 갑자기 모두에게 내 이름을 말하다니. 나는 부끄러워 고개를 푹 숙였다.

"하라야, 안녕?"
"와, 구하라다! 우리 학교에 온 걸 환영해!"
"이제그반이 한 명 늘었네!"

친구들이 자리에서 벌떡 일어나 나를 반겨줬다. 어제 학교를 구경하러 왔을 때처럼 시끌벅적하고 정신이 하나도 없다. 멍하니 서 있는 내게 단발머리를 한 제이가 달려와 앞으로 잘 지내보자고 말했다. 그러면서 교실 한가운데에 있는 자리를 손으로 가리켰다.

"여기가 네 자리야."

부끄러워서 고맙다는 말도 제대로 하지 못한 채 책가방을 걸고 의자에 앉았다. 교실을 둘러보니 내 자리가 정말 한가운데다. 모두가 나를 보고 있다는 생각에 얼굴이 빨개졌다. 선생님과 친구들 눈에 띄지 않는 자리가 좋은데, 완전 망했다.
　　어제 만난 김선생님은 웃음소리가 엄청나게 컸다. 이렇게 시끄러운 아이들과 얘기하려면 저절로 목소리가 커지겠다는 생각이 들었다. 김선생님은 어떤 분이실까? 선생님도 전 학교에서 만났던 분들과 다르시려나? 긴장되는 마음 반, 기대하는 마음 반으로 선생님이 오시길 기다렸다.

# 1장
## 김선생님법과 우리반법

## '김선생님법'이 선포되다!

"현태야! 상현이 좀 그만 때려!"
"왜? 상현이가 때려도 된다고 했는데?"
"맞아! 우리는 원래 이렇게 논다고."
"아현이 쟤는 아무것도 모르면서 그런다니까?"

시끄러운 소리에 뒤를 돌아봤다. 더벅머리에 눈이 초롱초롱한 현태, 키가 큰 상현이와 똑부러지는 목소리를 가진 아현이가 싸우는 소리가 들렸다. 전학 첫날부터 친구들이 다투는 모습을 보다니. 나도 모르게 한숨이 새어나왔다. 다른 친구들도 무슨 일이냐며 몰려들었다. 안 그래도 시끌벅적하던 교실이 더욱 시끄러워졌다.

"아이고 시끄러워라! 다들 아침밥을 너무 많이 먹고 온 거 아니야? 힘이 넘치네! 하라가 시끄럽다고 다시 전학 간다고 하겠어."

김선생님의 목소리가 교실에 쩌렁쩌렁 울렸다. 애들이 싸우는 모습을 보느라 선생님이 오신 줄도 몰랐다. 나는 저러다가 싸움이 크게 번질까봐 불안불안한데 선생님은 이 소란이 별일 아니라는 듯 말씀하신다.

"오늘은 또 무슨 일이야?"
"선생님, 현태가 상현이를 때렸어요!"

아현이가 손을 번쩍 들며 말했다. 상현이와 현태가 아현이를 확 째려본다. 선생님은 아현이의 말을 듣고 무언가를 골똘히 생각하는 표정을 지으셨다. 혼을 내실까? 벌을 주시려나? 나는 무슨 일이 벌어질지 궁금해서 선생님의 입만 뚫어지게 쳐다봤다.

"흠흠, 다들 주목!"

몇 초가 지났을까? 선생님이 목소리를 가다듬으시더니 한 글자씩 또박또박 말씀하셨다.

"지금 이 시간부터, '김선생님법'을 선포한다."

조금 전 싱글싱글 웃으시던 선생님은 온데간데없이 사라졌다. 친구들도 뭔가 이상하다고 생각했는지 숙연해졌다. 시끌시끌하던 교실이 순식간에 조용해졌다.
그나저나 '김선생님법'이란 게 대체 뭐지? 여기는 선생님이 마음대로 법도 만들 수 있나? 학교를 3년이나 다녔지만 처음 겪는 일이다.

"선생님, 김선생님법이 뭐예요?"

이번에도 아현이가 재빨리 손을 들고 질문했다. 지우도 질세라 손을 들고 같은 질문을 했다. 아현이와 지우는 번쩍번쩍 손을 잘도 든다. 늘 마음속으로만 생각하다가 이야기 할 타이밍을 놓치는 나와 다르다.

"김선생님법 1호, 친구가 때리면 같이 때린다."

친구들이 다들 현태를 바라봤다. 현태에게 맞은 상현이는 선생님을 바라봤다.

"선생님, 제가 상현이를 때린 건요……."
"그냥 장난친 거예요. 저번에도 이렇게 놀았다고요."

현태의 목소리가 떨렸다. 분위기가 심상치 않다고 느낀 상현이도 한마디 거들었다. 선생님은 아이들의 하소연은 아랑곳하지 않고 몸을 돌려 칠판에 '김선생님법 1호. 친구가 때리면 같이 때린다.'라고 또박또박 쓰셨다. 그리곤 다시 우리를 바라보셨다.

"친구를 때렸으면서 뭐 이렇게 말이 많아? 안 되겠어.
김선생님법 2호, 친구를 때린 사람은 1시간 동안 말을 하지 못한다."

# 김선생님법

현태는 아까보다 더 억울한 표정을 지었다. 방금 생긴 김선생님법 2호 때문에 말은 못하고 온몸으로 억울함을 표현했다. 나는 찬물을 끼얹은 듯 조용해진 교실에서 두리번거리며 눈치를 살폈다. 그때 동그랗고 까만 뿔테 안경이 잘 어울리는 도훈이가 안경을 고쳐 쓰며 말했다.

"선생님, 김선생님법을 안 지키면 어떻게 돼요?"

선생님이 답을 하시기도 전에 아현이가 손을 들었다.

"선생님! 언제였는지 기억은 안 나지만 도훈이도 다른 친구를 때렸어요! 제가 봤어요."

그러자 다른 친구들 몇몇도 '맞아요, 저도 봤어요.'라며 아현이 말에 힘을 보탰다.

"야, 그때는 내가……!"
"조용! 그렇다면 도훈이도 김선생님법 1호와 2호를 지켜야 해."

단호한 선생님의 말에 도훈이가 입을 꾹 다물었다. 도훈이는 이제 1시간 동안 말을 하지 못한다. 안경처럼 동그랗고 커다란 두 눈에 눈물이 그렁그렁 맺혔다. 퍽 억울한 표정이다.

1시간 동안 말을 할 수 없는 도훈이를 대신해 지우가 질문했다.

"그래서 김선생님법을 안 지키면 어떻게 되는데요?"

선생님은 아무 말 없이 빨간 보드마카 하나를 들더니 칠판에 커다랗게 두 글자를 쓰셨다.

**처.단.**

"김선생님법을 지키지 않으면, 처단할 거야."

처단? 처음 듣는 말이다. 처단이 무엇일까? 좋은 뜻은 아닌 것 같은 느낌이 든다. 빨간색으로 써서 그런지 기분이 더 나쁘다.

"선생님, 처단이 뭐예요?"

상현이가 손을 들어 질문했다. 그러자 선생님이 답을 하시기도 전에 지우가 불쑥 끼어들었다.

"학교에서 쫓아낸다는 거지!"

선생님은 고개를 끄덕이시곤 칠판에 김선생님법 3호와 4호도 연이어 써내려가셨다.

"우리 반에 법이 생기는 거야?"
"지킬 게 너무 많잖아?"

선생님이 칠판에 글을 쓰시는 중에 몇몇 아이들이 수군거렸다. 그러자 선생님은 쓸데없이 떠드는 아이들이 많다며 김선생님법 5호와 6호도 추가하셨다. 김선생님법은 순식간에 늘어났다.

내가 볼 땐 당연히 할 수 있는 행동인데 이상했다. 학교에서 쫓아낸다고 하질 않나, 모든 게 선생님 마음대로다.

어제는 웃는 모습이 멋진 분이라고 생각했는데, 지금은 정반대다. 김선생님은 하나도 멋있지 않다.

---

### 김선생님법

1호. 친구가 때리면 같이 때린다.

2호. 친구를 때린 사람은 1시간 동안 말을 하지 못한다.

3호. 친구를 때린 사람은 급식을 꼴찌로 먹는다.

4호. 2호를 지키지 않으면 말하지 못하는 시간이 30분 추가된다.

5호. 이제그반은 다모임에 참여할 수 없다.

6호. 이제그반은 쉬는 시간 없이 점심을 먹고 바로 수업을 한다.

---

'처단'이라는 말의 뜻도 이해하지 못했는데, 다모임은 또 뭐지?

이제그반에는 모르는 말이 많다. 게다가 급식을 먹고

쉬는 시간 없이 바로 5교시를 한다고? 청천벽력 같은 말이다. 그런데 선생님이 학생을 학교에서 쫓아낼 권한이 있나? 아니, 애초에 법을 이렇게 마음대로 막 만들어도 되는 거야? 법은 도대체 어떻게 만들어지는 거지?

가슴이 쿵쿵 뛰면서 아까 선생님이 하신 말씀대로 다시 원래 학교로 돌아가고 싶어졌다. 이상한 건 시끄러운 아이들이 아니라 선생님이었다.

 교실이 무척 조용해졌다. 지우도 승우도, 서로 장난을 치며 깔깔대던 현태와 상현이도 입을 꾹 다물었다. 10분 전까지만 해도 질문을 퍼붓던 아현이도 고개를 푹 숙이고 있다. 이게 다 김선생님법 때문이다. 아이들은 말을 더 하면 김선생님법이 계속 늘어날까봐 서로 눈치만 보고 있었다.

 "그런데 지우야, 다모임은 무슨 수업이야?"

 시간표를 보니 3교시부터 4교시는 '다모임'이다. 다모임이라는 건 이전 학교에 없던 과목이다. 이런 분위기에 선생님께 질문했다가 무슨 일이 일어날지 몰라 옆에 앉은 지우에게 조심스레 말을 건넸다.

"너네 학교는 다모임이 없었니? 다모임은 말 그대로 다 모이는 시간이야. 1학년부터 6학년 언니, 오빠들까지 다 같이 모여서 이야기를 나눠. 그리고 학교에서 할 일을 우리가 결정해. 가끔 지루할 때도 있긴 하지만, 나는 다모임 시간을 좋아해."
"야, 근데 오늘은 다모임 못 해."

지우의 말을 가만히 듣고 있던 아현이가 불쑥 끼어들었다. 그게 무슨 소리냐는 듯 눈을 동그랗게 뜬 지우를 보며 아현이는 아무 말 없이 칠판을 가리켰다.

*5호, 이제그반은 다모임에 참여할 수 없다.*

지우는 울상이었다. 옆에 있던 지한이도 억울한 표정으로 말했다.

"아, 내가 오늘 다모임을 얼마나 기다렸는데! 생일 파티 하는 날이잖아. 초코파이는 우리만 못 먹는 거야?"

"으이그 김지한! 너는 먹는 것밖에 모르냐? 나는 더 짜증나. 내가 좋아하는 6학년 태영이 오빠랑 제일 길게 얘기할 수 있는 시간이 다모임인데……."

"야, 나도 초코파이만 기다리고 있었다고! 이게 다 김선생님법 때문이야!"

제이와 지한이의 말에 승우가 끼어들었다. 내 생각에도 승우 말이 맞다. 이건 갑자기 김선생님법을 만든 선생님 때문에 생긴 일이다. 나는 다모임을 한 번도 해보지 않았지만 억울한 표정을 하고 있는 친구들을 보니 이유 없이 화가 났다. 그치만 우리가 할 수 있는 일은 없어 보였다. 김선생님법을 안 지키면 처단한다고 했으니까.

선생님은 3, 4교시에 다모임 대신 책을 읽겠다고 말씀하셨다. 나는 친구들과 도서관에 가 책을 빌려오기로 했다. 선생님 말을 무조건 들어야만 할 것 같다.

'똑똑똑'

 도서관에서 빌려온 책을 읽고 있는데 누가 노크를 하며 고개를 내밀었다. 짧은 머리에 네모난 안경을 쓴 오빠다. 아이들은 아무런 소리도 들리지 않는 듯 고개도 들지 않고 책을 읽고 있다. 책을 읽지 않으면 선생님이 또 김선생님법을 추가할까봐 그러는 것 같다. 나도 얼른 고개를 숙였다.

 "선생님, 애네들 왜 다모임하러 안 와요?"

 선생님은 민준이 오빠에게 김선생님법이 생겨 4학년은 다모임에 못 간다고 말씀하셨다. 민준이 오빠가 김선생님법이 뭐냐고 묻자 선생님은 칠판을 가리켰다. 민준이 오빠는 선생님의 손을 따라 칠판에 쓴 글을 읽어내려갔다. 나와 친구들의 눈은 모두 책을 보고 있지만, 귀는 두 사람의 대화에 집중하고 있었다.

"선생님, 다모임은 학교의 주인인 학생들이 모이는 자리잖아요. 그걸 선생님이 마음대로 막을 수 있어요? 선생님이 이래도 돼요?"

칠판에 적힌 김선생님법을 다 읽은 민준이 오빠가 흥분한 목소리로 말했다. 그러자 선생님은 팔짱을 끼고 느긋하게 얘기하셨다.

"애들이 학교의 주인이라고? 말도 안 되는 소리야. 다모임 할 때 집중은 안 하고 딴짓만 했잖아. 다모임에서 같이 만든 규칙을 제대로 지키지도 않고 말이야. 그게 주인의 태도야?"

민준이 오빠는 어이없다는 표정으로 고개를 돌려 우리에게 소리쳤다.

"너희 정말 다모임에 참여하지 못해도 괜찮아? 앞으로 다모임에서 4학년 없이 학교 규칙을 정할텐데도? 그리고, 선생님 마음대로 너희가 하고 싶은 일, 하고 싶은 말을 못하게 하는 이런 법이 맞다고 생각해?"

민준이 오빠의 목소리가 복도를 쩌렁쩌렁 울렸다. 어느새 6학년들이 이제그반 앞으로 몰려들어 칠판에 적힌 김선생님법을 읽고 있었다. 언니, 오빠들은 말도 안 되는 일이 벌어졌다며 웅성거렸다.

그때, 뒤에서 훌쩍거리는 소리가 들렸다. 도훈이와 지한이다. 도훈이의 커다란 두 눈이 눈물로 가득 차 있었다. 지한이의 눈도 빨개졌다. 너무 화가 나면 눈물이 난다던데, 도훈이와 지한이가 지금 바로 그런 것 같았다. 승우가 자리에서 일어나더니 선생님께 말했다.

"선생님, 다모임에 참여하면 안 돼요? 우리가 잘못한 건

있지만 선생님 마음대로 다모임에 못 가게 하시는 건 너무 해요."

도훈이와 지한이도 울먹이며 다모임에 가고 싶다고 말했다. 제이도 기죽은 목소리로 다모임에 참석하고 싶다고 말했다. 그런 우리를 물끄러미 바라보던 민준이 오빠가 선생님께 한 번 더 항의를 했다.

"승우와 도훈이, 지한이, 제이는 다모임에 가고 싶다고 했지만, 다른 친구들은 어떻게 생각해?"

민준 오빠의 계속되는 항의에 선생님은 당황하셨는지 이제그반과 다모임에 갈 건지 이야기를 나누어보겠다며 6학년을 교실에서 내보냈다.
내 착각일까? 그때 선생님과 민준이 오빠가 서로를 보며 살짝 미소를 짓는 것 같았다. 하지만 잘못 본 거겠지? 이렇게 무서운 분위기에서 웃음이 나올 리 없다.
그때 지우가 의자에서 벌떡 일어났다.

"내가 의장을 할게!"

의장이 뭐였더라? 들어본 것 같은데 정확한 뜻이 생각나지 않았다. 내가 기억을 더듬는 사이 다른 친구들은 기다렸다는 듯이 책을 덮고 지우를 바라봤다. 나도 친구들을 따라 책을 서랍에 넣고 지우를 쳐다봤다.

어느새 눈물을 닦은 도훈이와 눈이 빨개진 지한이가 자리에서 일어나 손을 들었다. 지한이는 하고 싶은 말이 많다며 손을 들고 이리저리 흔들었다. 지우는 도훈이가 먼저 말한 다음 지한이가 말하자고 순서를 정해 주었다.

기억 났다! 의장은 모임이나 회의를 진행하는 사람을 가리키는 말이었다.

"다모임에는 당연히 참여해야지, 우리를 빼고 학교 규칙을 정하면 안 되잖아."

"무엇보다 오늘은 초코파이를 먹기로 한 날이야. 우리가 꼭 참여해야 해."

서기인 상현이는 도훈이와 지한이가 한 말을 칠판에 척

척 적었다. 지우가 다른 친구들에게도 생각을 물었다. 다들 도훈, 지한이와 같은 생각이라고 말했다.

"자, 그러면 투표를 해 보자. 김선생님법 5호가 있긴 하지만 다모임에 참여하고 싶은 사람은 손을 들어주세요!"

지우가 입을 떼자마자 반 아이들 모두가 손을 번쩍 들었다. 나도 엉겁결에 같이 손을 들었다. 다모임이 무엇인지는 모르지만, 다들 이렇게 참여하고 싶어하는 걸 보니 분명 재미있는 일이 벌어지는 곳이란 기대가 생겼다.

선생님을 슬쩍 보니 팔짱을 끼고 있던 두 팔을 풀고 우리를 바라보고 계셨다. 차갑던 눈빛도 따스한 눈빛으로 바뀌어 있었다.

"오? 우리 모두 통했는데!"
"그럼 다모임에 가야지!"
"선생님!
4학년 모임
에서 결정했

으니까 우리 다모임에 갈 수 있는 거죠?"

친구들이 다모임을 하러 가자며 엉덩이를 들썩였다. 선생님은 우리 의견에 따라 김선생님법 5호를 지우겠다고 말씀하셨다. 친구들은 선생님이 말을 바꿀지도 모른다며 서둘러 다모임터로 뛰어갔다. 나도 헐레벌떡 뛰어가는 친구들을 따라가려고 의자에서 일어났다.

선생님은 지우개를 들어 김선생님법 5호를 지우고 계셨다. 멍한 표정을 짓고 있는 내게 선생님이 말씀하셨다.

"하라도 어서 다모임터로 가 봐."

정말 알다가도 모르겠다. 30분 전까지만 해도 우리는 다모임에 참여할 수 없다더니, 이제는 빨리 가라고 하시는 선생님. 그리고 순식간에 김선생님법이 생기고 6개까지 늘어나더니 이번에는 5개만 남은 우리 반. 이 모든 일이 내가 전학온 날 오전에 일어난 일이라니!

"총원 9명, 재석 9명, 찬성 9명으로 김선생님법을 폐지한다!"

다모임을 마치고 교실로 돌아온 우리는 5교시에도 4학년 모임을 했다. 6학년 민준이 오빠는 점심시간에 우리를 불러 모으더니 정해진 법을 영원히 지켜야 하는 건 아니라고 말해주었다. 6학년 여진이 언니도 옳지 않은 법은 얼마든지 바꿀 수 있다고 알려주었다. 선생님이 아무리 무서운 표정으로 김선생님법을 만들었어도 우리가 바꿀 수 있다는 뜻이었다.

우리는 다시 한 번 4학년 모임을 열어 김선생님법을 폐지하기로 결정했다. 그리고 방금 의장인 지우가 김선생님법을 폐지하겠다는 선언을 한 것이다. 김선생님법이 만들어진 지 3시간 만에 일어난 일이었다.

그 다음은 무엇을 해야 할지 몰라 다들 멀뚱히 앉아 있는데 도훈이가 손을 들었다.

"얘들아, 김선생님법을 대신할 '우리반법'을 만들면 어떨까?"

도훈이가 말을 하곤 선생님의 눈치를 살폈다. 다모임에서 학교 규칙을 정하는 것처럼 우리 반 안에서 우리가 지킬, 우리만의 법을 만들자는 의견이었다.

"우리가 법을? 어떻게?"

아현이의 질문에 도훈이가 예상했다는 듯 차분히 답했다.

"책에서 읽었는데, 우리나라 법은 국민들이 직접 뽑은 국회의원들이 만든다더라고. 이제그반의 국민은 우리잖아? 그러니까 우리가 직접 우리반법을 만들면 되지."

우리 반에서 지킬 법을 우리가 스스로 만들다니, 기가 막힌 생각이다. 반 아이들은 박수를 치며 좋아했다. 나 역시 손을 들어 우리반법을 만드는 데에 찬성했다.

우리는 김선생님법 때문에 억울했던 마음을 담아 우리반법을 만들었다. 다들 마음을 모아서 그런지 단 한 번의 의견 충돌도 없이 금방 법이 만들어졌다.

우리반법은 간단하다. 3개 밖에 없어서 외우기도 쉽다.

*하나, 김선생님은 김선생님법을 더 이상 만들 수 없다.*
*둘, 김선생님법을 만든 김선생님은 바보다.*
*셋, 잘못한 김선생님은 우리한테 혼나야 한다.*

"총원 9명, 재석 9명, 찬성 9명으로 우리반법을 만들겠습니다."

의장 지우의 선언과 동시에 우리는 모두 자리에서 일어나 박수를 치며 우리반법을 환영했다. 나도 자리에서 일어나 박수를 쳤다. 현태와 상현이는 김선생님을 혼내주겠다며 자리에서 벌떡 일어났다. 나는 선생님의 표정이 무섭게 변해 있지 않을까 걱정했다. 그런데 웬걸, 선생님은 활짝 웃고 계셨다.

"너희들 제법인걸? 옳지 않다고 생각한 법은 폐지하고, 너희만의 법을 만들다니!"

선생님께서 굳은 표정을 풀고 편안한 목소리로 말씀하셨다. 지한이와 도훈이는 이제야 마음이 편해졌는지 들뜬 목소리로 말했다.

"6학년 형이랑 누나들이 도와줬어요. 김선생님법을 없앨 수 있다고요."

"다모임에 못 갔으면 김선생님법이 계속 있었겠지? 생각만 해도 끔찍해!"

"선생님이 일부러 평소랑 다른 표정이랑 목소리로 했는데, 무섭지 않았어?"

지한이는 당연히 무서웠다고 말했다. 도훈이는 김선생님법 때문에 다른 학교로 전학갈 생각까지 했단다. 처음 내가 교실에 왔을 때처럼 선생님과 친구들이 서로 눈을 맞추며 대화했다.

"선생님, 제가 책에서 봤는데요. 법은 혼자 만드는 게 아니라고 했어요. 선생님처럼 혼자 마음대로 법을 만드는 걸 뭐라고 하던데……."

도훈이의 말을 듣던 선생님께서 이번에도 빨간색 보드마카를 들어 칠판에 어려운 단어를 쓰셨다.

**독.재.**

"맞아요! 독재는 민주주의의 반대말이라고 했어요. 민주주의는 여러 사람이 함께 결정하지만, 몇 명 또는 한 사람이 마음대로 결정하는게 독재라고요. 아! 우리나라는 민주주의 국가라는 말도 책에서 본 것 같은데."

이제그반에서 책을 가장 많이 읽는 도훈이의 말에 우리는 모두 귀를 쫑긋 세웠다. 선생님은 그런 도훈이를 지긋이 바라보시더니 아주 천천히 그리고 낮은 목소리로 말씀하셨다.

"너희 어젯밤 무슨 일이 있었는지 알고 있니?"

선생님의 목소리와 달리 아주 빠르고 커다란 목소리로 친구들이 말했다.

"선생님, 저 알아요! 계… 뭐라고 했는데?"
"저도요! 그게 계속 되었으면 학교도 못 간다고요."
"인터넷이나 텔레비전 방송도 지금처럼 자유롭게 볼 수 없을지도 모른댔어요."

다시 교실이 시끄러워졌다. 선생님은 친구들이 하고 싶은 말을 다 할 때까지 기다리셨다가 천천히 입을 떼셨다.

"어젯밤 비상계엄령이 선포됐어. 오늘 내가 갑자기 김선생님법을 만들어 칠판에 적고, 안 지키면 처단할 거라고 말한 것처럼, 대통령이 갑자기 비상계엄령을 발표했지."

선생님은 눈을 반짝이며 어젯밤 이야기를 들려주셨다.

\* \* \*

어젯밤 이야기를 들은 친구들은 다들 입을 다물지 못했다. 나도 뉴스를 봤지만 선생님 말씀을 듣고 나니, 더 무시무시하고 어마어마한 일이 벌어졌다는 걸 알 수 있었다.

선생님은 그 누구도 혼자만의 생각으로 다른 사람의 자유를 제한할 수는 없다고 하셨다. 법도, 비상계엄령과 함께 발표된 '포고문'도 그럴 수 없다고 힘을 주어 말씀하셨다. 무엇보다 비상계엄령은 법에 정한 대로 선포되어야 한다고 말씀하셨다.

나는 선생님 말씀을 다 이해할 수는 없었지만, 어젯밤에 뭔가 크게 잘못될 뻔했다는 것만은 또렷하게 느낄 수 있었다.

"자, 그럼 퀴즈를 하나 낼게. 우리 학교의 법과 규칙은 어떻게 만들지?"

뭐라고 말해야 할지 모르는 나와 달리 반 친구들은 답이 뻔한 문제를 왜 내느냐는 듯 망설임 없이 답했다.

"모두 함께 다모임에 모여서 만들죠!"
"그래, 우리 학교의 학생들과 선생님들이 다모임에서 의견을 내고, 토론하고, 투표를 해서 규칙을 만들지. 여러 국회의원들이 모여 법을 만드는 것처럼 말이야. 그런 의미에서 다모임은 우리 학교의 민주주의를 지키는 아주 중요한 시간이야."

다모임이 그런 곳이었구나, 하면서 오늘 있었던 일들을 곰곰이 생각하고 있는데 현태가 손을 들었다.

"선생님, 그런데요 다모임은 언제부터 있었어요?"

선생님은 현태의 질문에 바로 답하지 않고 다시 한 번 퀴즈를 내셨다.

"우리 학교의 주인이 누굴까? 생각해본 적 있니?"

아이들은 선생님, 학생, 학부모라고 서로 다른 의견을 냈다. 지우는 팔짱을 끼더니 모두 틀렸다고, 선생님과 학생 그리고 학부모 모두 학교의 주인이라고 말했다. 선생님은 지우의 답에 슬며시 미소를 지으셨다.

"그래, 학교의 주인은 선생님과 학생 그리고 학부모 모두야. 옛날에는 학교의 주인이 선생님이라고 생각했던 것 같아. 학생이나 학부모들의 의견을 듣기보다 선생님들의 의견으로 많은 일들을 결정했지. 하지만 이제는 학교에서 살아가는 선생님과 학생, 학부모가 함께 의견을 모아야 한다는 생각이 생겨났고, 다모임도 그 과정에서 만들어졌어. 다모임에서 모여 함께 이야기를 나누는 시간은 우리 학교의 민주주의를 지키는 가장 중요한 시간이지."

친구들은 다모임이 이렇게나 중요한 줄 몰랐다고, 민준이 오빠가 우리를 찾으러 온 이유를 알겠다고 말했다.

"아이 참, 선생님. 다모임은 언제 시작된 거냐고 질문했는데, 왜 자꾸 다른 말만 하세요?"

현태가 답답했는지 다시 손을 들었다. 현태의 말에 다른 친구들도 궁금하다며 다들 의자에서 일어났다. 승우는 의자에서 일어나 책상에 너무나 기댄 나머지 앞으로 고꾸라지고 말았다.

"현태보다 승우가 더 궁금한가본데? 너희도 다모임 이야기가 궁금하니?"
"네!"
"완전 궁금해요!"
"6교시는 사회 시간인데 사회 공부 안 하려는 건 아니고?"

"에이, 아니에요! 진짜 궁금하단 말이에요."

"음. 다모임 이야기는 민주주의와 세상을 바꾸는 '정치' 이야기 그 자체니까, 사회 공부이기도 하겠구나. 다모임은 말이야, 지금으로부터 10년 전에……."

선생님과 친구들이 이야기 나누는 모습을 가만히 바라보다가 아까 참석했던 다모임을 떠올렸다. 전교생이 다 모여서 의견을 말하고 직접 손을 들어 투표하는 모습은 정말 인상적이었다. 특히 나보다 훨씬 어린 1학년 동생들이 떨리지도 않은지 손을 들고 자기 생각을 말하는 모습이 대단해 보였다.

"하라야, 다모임 이야기 들을 준비 됐니?"

내가 딴생각하는 걸 눈치채신 걸까, 선생님께서 불쑥 내 이름을 부르셨다.

"네? 그, 그럼요. 저도 궁금해요, 다모임."
"하라야, 맨 처음 다모임을 할 때는 말이야. 1학년부터

6학년까지 전교생이 모두 참여하지 않았어."

　친구들이 모두 깜짝 놀랐다. 다모임은 처음부터 전교생이 다 모인줄 알았다고 말했다. 전교생이 아니면 몇 학년이 모여서 다모임을 했냐고 선생님께 되물었다. 선생님은 흥분한 아이들을 다정하게 바라보며 옛날 다모임 이야기를 시작하셨다. 나와 친구들은 선생님 곁으로 옹기종기 모여 앉았다.

# 2장
## 다 같이 모이니까 '다모임'

지금으로부터 10년 전, 구름숲초등학교의 1학년 아이들은 복도에 붙은 포스터를 보고 있었다. 포스터에는 '다모임 결과 안내'라는 제목의 글이 적혀 있었다.

### 다모임 결과 안내

1. 후배는 선배를 만나면 인사를 한다.
2. 인사를 할 때는 허리를 숙여 존댓말로 한다.
3. 이것을 지키지 않으면 안 된다.

그때였다. 복도를 지나던 6학년이 1학년 아이들에게 허리를 펴고, 가슴은 크게 벌려 당당한 포즈로 말했다.

"어, 뭐야? 왜 나한테 인사를 안 하지? 다모임 결과 못 봤어? 후배는 선배를 만나면 허리를 숙이고 존댓말로 인사를 하라고. 아직 1학년이라 잘 모르나본데, 다모임에서 정한 건 지켜야 해."

1학년 아이들은 선배가 손가락으로 가리키는 다모임 결과를 봤다. 아직은 한글이 어려워 찬찬히 읽고 있는데 선배가 재촉하며 말했다.

"얘네들 봐라? 읽고도 가만히 있네? 자, 내가 시범을 보여줄게."

6학년이 '선배님, 안녕하세요?'라고 허리를 숙여 인사를 하자 1학년 아이들이 어색하게 허리를 숙여 '선배님, 안녕하세요?'라고 따라했다. 6학년은 동생들에게 더 숙이라며 허리를 꾹 눌렀다. 1학년 아이들은 난데 없이 인사를 하라는 말에 기분이 나빠져 교실로 돌아왔다.

"쉬는 시간에 무슨 일이 있었니? 다들 표정이 왜 그래?"

담임 선생님이 물었다. 1학년 아이들은 쉬는 시간에 일어난 일을 선생님께 전부 말했다. 앞으로는 교실 밖으로 나가지 않을 거라고, 또 교실 밖으로 나가면 선배들이 인사를 시킬 것 같으니 차라리 교실 안에만 있을 거라고 말했다. 뭔지도 모르는 다모임이라는 곳에서 정한 규칙은 무조건 지켜야 한다는 말도 이해할 수 없었다.

"많이 당황했겠구나. 다모임은 우리 학교의 규칙을 정하는 시간이야. 10대가 되는 10살, 3학년부터 6학년까지 참여하지. 너희도 10살이 되면 다모임에 참여할 수 있어."

선생님의 말을 들은 1학년 아이들은 괜히 억울해졌다. 8살이라서 다모임에 참여할 수 없다고? 나이가 어리면 왜 다모임에 참여할 수 없지? 다모임에 참여하지도 않았는데 다모임에서 정한 규칙을 지켜야 하나? 왜 학교 규칙을 정하는데 1, 2학년은 빼는 거지? 우리도 우리의 생각을 말할 수 있고, 함께 규칙을 정하고 싶은데? 무엇보다 선배한테 허리를 숙여 인사를 해야 하는 말도 안 되는 저 규칙을 정말로 지켜야 한다고?

질문을 하면 할수록 억울함은 더욱 커졌다. 울먹이는 아이들도 있었다.

"너희도 몇 년 후면 다모임에 참여해 직접 규칙을 정할 수 있으니 지금은 좀 참아야 해. 3학년부터 참여하는 게 우리 학교의 규칙이니 어쩔 수 없지 않니?"

"그런 게 어디 있어요? 우리도 다모임에 참여할 수 있게 해 주세요. 선생님은 힘이 세잖아요!"

"선생님, 우리도 복도에 똑같이 글을 써서 붙일래요! 6학년 형, 누나들에게 인사할 필요 없다고요!"

선생님은 어림없다는 표정으로 말씀하셨다.

"다모임은 학생들의 자리야. 학생들이 주인인 시간이지. 선생님이라고, 어른이라고 마음대로 바꿀 수는 없어."

6학년 형 때문에 억울했던 1학년 아이들은 자신들의 마음을 알아주지 않는 선생님에게도 화가 났다.

쉬는 시간이 가까워지자 1학년 교실 밖 복도에는 형, 누나들이 모여 기다리고 있었다. 다 같이 동생들에게 인사를 받으러 왔단다. 그중 한 명은 동생들이 선배들에게 인사하기 싫어 교실 밖으로 나오지 않는 거라면 다음 다모임에서 벌칙을 주자는 안건을 낼 거라고 으름장을 놓았다. 1학년 아이들은 바짝 긴장해 있었다.

사태가 생각보다 심각해지자 선생님은 가만히 있으면 안 되겠다는 생각이 들었다.

"선생님이 직접 다모임을 바꿀 수는 없지만, 정 억울하다면 한 가지 방법이 있는데……."

"뭔데요? 알려주세요!"

"우리도 다모임에 참여할래요!"

"조금 전에 너희가 말한 것처럼 글을 써서 의견을 전하는 거야. 다모임은 6학년이 진행하니까, 1학년도 참여하게 해달라고 편지를 쓰면 어떨까?"

아이들은 선생님의 말이 끝나자마자 사물함으로 뛰어가 색종이와 색연필을 가져왔다.

한참 머리를 맞대고 고민하던 1학년은 드디어 완성했다며 환호성을 질렀다. 한 아이가 색종이를 들어보이며 흥분한 목소리로 말했다.

"선생님, 편지를 어떻게 할까요? 6학년에게 가지고 갈까요?"

"그래. 6학년 교실은 2층이야."

1학년 아이들은 색종이를 이어 붙여 만든 편지지를 소중하게 들고 2층으로 올라갔다. 편지에는 1학년의 삐뚤빼

뚤한 글씨가 적혀 있었다.

우리는 선배들과 친하게 지내고 싶습니다.

억지로 인사를 시키면 우리는 선배들이 무섭습니다.

우리도 다모임에 참석해 의견을 말하고 싶습니다.

# 어리다고 무시하지 마

 6학년 교실 문 앞에 선 1학년 아이들은 어쩐지 용기가 나지 않았다. 누구 하나 나서는 사람 없이 서로에게 먼저 들어가라고 미루고 있었다.

 웅성거리는 소리가 6학년 교실까지 들렸나보다. 복도에서 만났던 6학년 형이 교실 문을 열고 복도로 나왔다. 1학년 아이들은 바짝 긴장해 서로에게 기댔다.

 "너희 뭐냐?"

 1학년은 서로를 바라볼 뿐 아무 말도 하지 못했다. 동생들이 편지를 등 뒤로 숨기는 모습을 본 6학년 형은 할 말이 있으면 들어오라고 말했다.

"지, 진짜로 들어가도 돼요?"

호랑이 굴에 들어가는 토끼의 마음이 이랬을까? 다른 학년 교실에 진짜로 들어가도 되는지 궁금한 마음도 있었지만, 6학년이 무서우니 교실에 들어가는 것도 무서웠다.
1학년 아이들은 괜찮다는 선배의 말에 쭈뼛쭈뼛 6학년 교실로 들어갔다.

"선…배님, 아, 안…녕하세요?"
"어, 그래. 무슨 일이지?"

1학년이 모두 허리를 숙이며 6학년에게 인사를 했다. 6학년 몇몇은 드라마에 나오는 거만한 어른처럼 의자에 반쯤 누워 동생들의 인사를 받았다.
1학년이 직접 쓴 편지를 내밀자 각자 자리에 앉아 있던 6학년들이 우르르 몰려왔다. 그중 한 명이 인상을 팍 쓴 채 편지에 적힌 내용을 소리내어 읽었다.

"다모임에 참여하고 싶다고?"

1학년 아이들은 고개를 끄덕였다. 심장이 쿵쾅쿵쾅 뛰는 소리가 밖으로 들리는 것만 같았다. 6학년은 그런 1학년을 보고 고개를 절레절레 흔들며 말했다.

"그런데 이걸 어쩌나? 1학년은 아직 어려서 안 돼. 다모임이 얼마나 어렵고 힘든 시간인 줄 알아? 너희는 너무 어려서 무슨 말을 하는지 이해하지도 못할 거야."

그러더니 색종이에 쓴 편지를 동생들이 보는 앞에서 벅벅 찢었다.

1학년 아이들은 찢어져 사방으로 흩어진 종잇조각을 주웠다. 눈물이 차올랐지만 차마 선배들 앞에서 눈물을 흘릴 수

는 없었다. 자존심이 상했고, 그러면 포기하는 거라고 생각했다.

아이들은 주워 모은 편지를 들고 교실로 뛰어내려갔다. 6학년 교실 문을 '쾅' 소리가 나게 닫고.

'쿵쿵쿵쿵'

아이들의 발소리가 들렸다. 선생님은 아이들이 6학년과 잘 이야기한 뒤 신이 나서 뛰어온다고 생각했다. 그런데 교실 문을 열고 들어오는 모습은 정반대였다. 아이들은 눈물과 콧물 그리고 억울함과 분노가 뒤섞인 얼굴로 씩씩거리고 있었다.

"무슨 일이 있었던 거야?"

1학년 아이들은 선생님 품에 와락 안겼다. 그리고 6학년 교실에서 있었던 일을 전부 말했다. 아이들의 말을 듣고 난 선생님은 차분히 말했다.

"그랬구나. 많이 속상했겠다. 우리 그냥 포기하면 어떨까? 이렇게 힘든 일인데, 다모임에 참여하고 싶니?"

1학년 아이들은 사실 마음속으로는 포기하고 싶었지만 막상 선생님이 포기하라고 말하니 그러기 싫어졌다. 이대로 포기하면 지는 것 같았다.

"절대 포기 못 해요! 우리도 다모임 할 거예요!"

한 아이가 울음을 삼키며 말했다. 선생님은 다른 아이들의 표정도 하나, 둘 살피더니 다시 진지한 표정으로 말했다.

"그래, 너희 의견이 그렇다면 한 가지 방법을 더 알려 줄게."

선생님은 6학년뿐만 아니라 학교에 있는 모두가 1학년의 생각을 알 수 있도록 학교 곳곳에 포스터를 붙이자고 했다. 그러면서 아직 다모임에 참여할 수 없는 2학년의 의견도 자연스럽게 들어보기로 했다. 편지는 6학년이 받지 않으면 그만이지만 포스터는 복도를 지나가는 누구나 볼 수 있으니 무시할 수 없을 것이라는 선생님의 말에 아이들이 고개를 끄덕였다.

"우리의 마음을 모두에게 전달해서 1학년도 다모임에 참여해 보자! 전교생이 참여하는 다모임이 너희 손에 달렸어!"

선생님이 손을 높이 들자 아이들이 달려와 손바닥을 부딪히며 하이파이브를 했다.

1학년 아이들은 다시 힘을 냈다. 눈물과 콧물을 닦고 큰 종이를 꺼내와 다모임에 참여하고 싶다고, 학교 규칙은 모두가 다 함께 만드는 거라고, 우리도 할 수 있다고 적었다. 글씨는 삐뚤빼뚤했지만 포스터에 담긴 마음만은 반듯했다.

"어리다고 생각이 없는 건 아냐!"
"맞아. 1학년도 의견이 있다고!"

1학년 아이들은 포스터를 여러 장 적어 학교 복도 곳곳에 붙였다. 이것을 본 2학년도 힘을 보탰다. 눈에 더 잘 띄는 자리를 함께 찾고, 6학년 형, 누나들이 방해할까봐 망도 봐 주었다.

"오늘 다모임에서는 1, 2학년이 다모임에 참여해도 되는지를 안건으로 이야기 나누겠습니다."

다모임 의장이 마이크를 들고 말했다.
다모임을 준비하고 진행하는 6학년은 학교 곳곳에 붙은 포스터를 차마 무시할 수 없었다. 다모임에 참여하는 3, 4, 5학년들도 이 문제를 심각하게 생각하고 있었다. 1, 2학년의 작전이 통한 것이다.
다모임에서는 치열한 토론이 오갔다.

"다모임에서 회의를 하는데 8살과 9살은 너무 어립니다. 우리가 하는 말을 이해나 할까요? 어른들도 19살 넘어야 투표를 합니다. 중요한 결정을 할 때 나이를 따지는 건 다 이유가 있어요."

"1학년이 공부하기 싫어서 다모임에 참여하겠다고 하는 건 아닐까요? 다모임을 노는 시간이라고 생각하는 게 아닐까 조금 의심스럽습니다."

"저는 2년이나 기다려서 이제야 다모임에 참여할 수 있게 되었어요. 1, 2학년도 제가 그랬던 것처럼 3학년이 될 때까지 기다려야 한다고 생각해요. 저도 1학년 때 다모임이 궁금했고 참여하고 싶었지만 꾹 참고 기다렸습니다. 그런데 지금 1, 2학년은 바로 다모임에 참여한다고요? 그건 불공평하죠."

동생들의 다모임 참여를 반대하는 아이들이 먼저 의견을 말했다. 반대 의견을 내려는 사람이 너무 많아 누구부터 발표를 시켜야 할지 어려울 정도였다. 반대 의견이 나올 때마다 큰 박수가 쏟아졌다. 고학년들은 자기도 같은 생각이라며 반대 의견에 힘을 보탰다.

의장은 서기가 칠판에 반대 의견을 모두 적는 것을 기다렸다가 찬성 의견을 물었다.

"다모임은 말 그대로 다 같이 모이는 자리입니다. 1, 2학년을 빼면 그건 다모임이 아니죠. 동생들도 참여해야 한다고 생각합니다."

"다모임이 노는 시간인 줄 알거나 다모임에서 무엇을 하는지 모른다면 진행을 맡은 6학년이 동생들에게 미리 설명을 해주고 참여할 수 있도록 도와야죠. 우리도 처음에는 다모임이 뭘 하는 시간인지 몰랐잖아요?"

"저도 다모임에 참여하지 못할 때 억울했습니다. 규칙을 정할 때 참여하지도 않았는데, 정해졌으니 무조건 지키라고 하는 건 말이 안 돼요."

"자기가 못 했다고 동생들도 못하게 하는 건 꼰… 뭐라고 하더라? 맞다. 꼰대! 꼰대나 하는 일이라고 생각합니다. 우리는 그러지 맙시다!"

찬성하는 아이들도 반대하는 아이들에게 밀리지 않았다. 반대하는 아이들과 찬성하는 아이들 모두 타협할 생각이 없어 보였다. 서로의 생각이 맞다며 치열하게 맞붙은 아이들은 진정하라는 의장의 말도 듣지 않았다. 의장은 어떻게 다모임을 진행해야 할지 막막했다.

"잠시만요, 제가 할 말이 있습니다."

복도에서 1학년 아이들에게 인사를 시키던, 6학년 교실에서 1학년 동생들의 편지를 찢던 형이 손을 들었다.

"여러분은 다모임이 어떤 자리라고 생각하나요? 다모임은 우리가 학교에서 살아가는 데 필요한 규칙을 함께 고민하고 결정하는 시간입니다. 다모임에 참여하지 않는 사람에게까지 규칙을 지키라고 강요하면 충분히 억울함을 느낄 수 있다고 생각합니다.
그래서 저는 1, 2학년도 다모임에 참여해서 함께 규칙을 정하고 지키게 하거나, 다모임에 참여하지 않으면 규칙을 안 지켜도 되도록 결정하면 좋겠습니다. 그리고 반대 의견을 냈던 3학년에게 묻고 싶습니다. 작년이랑 재작년에 억울하지 않았나요? 선배들이 다모임에서 규칙을 정하고

후배들은 무조건 따라야 했으니까요."

다모임에 참여한 아이들이 고개를 끄덕였다. 어디 하나 틀린 말이 없었다. 반대 의견을 냈던 3학년은 억울했다고 그래서 참고 기다렸다고 말했으니 말이다.

"제가 1학년에게 복도에서 인사를 시키고, 걔네들이 써 온 편지를 찢었거든요? 그러니까 1학년이 엄청나게 화가 난 것 같았어요. 저는 억울함을 참고 기다리지 않고 행동으로 옮긴 1학년을 오히려 칭찬해야 한다고 생각합니다."

6학년은 1학년 동생들의 눈물을 보고 여러 생각이 들어서 선생님, 부모님과 이야기를 나누었다고 말했다. 사람은 누구나 자기 의견을 자유롭게 말할 자유가 있고, 민주주의 안에서는 자기가 속해 있는 사회의 규칙을 정하고 지킬 권리가 있다는 점을 깨닫고 생각이 바뀌었단다. 물론 1, 2학년은 다모임에서 나누는 어려운 말을 모두 이해하지 못할 수도 있지만 아무튼 나이에 상관없이 다모임에 참여해 의견을 말하는 것이 옳다는 데에는 모두가 동의하는 분위기였다.

"자, 그러면 1, 2학년이 다모임에 참석하는 문제에 대해 투표를 시작하겠습니다."

의장은 더 이상 의견이 없는 걸 확인하고 투표를 했다.

---

**1, 2학년 다모임 참석**

반대 48
찬성 51

1, 2학년도 다모임에 참석해야 한다는 의견이 3표 더 많았다. 그렇게 구름숲초등학교에는 '전교생 다모임 시대'가 열렸다.

* * *

다시 4학년 이제그반 교실,

김선생님 곁에 둥그렇게 모여 이야기를 듣던 아이들이 한마디씩 했다.

"선생님! 10년 전이면 진짜 옛날이네요, 그때 그 일 때문에 우리가 1학년으로 입학했을 때 6학년 선배들이 교실에 와서 다모임이 무엇인지 설명해줬던 거죠? 이제야 알겠어요."

"다모임이 더 소중하게 느껴져요. 뭐랄까, 눈물로 얻은 다모임을 잘 지키고 참여해야 할 것 같은 느낌?"

"책에서 봤어요. 미국 버스에서 흑인들이 차별받았던 이야기요. 흑인들은 차별에 맞서 버스 타지 않기 운동을 했고, 그런 노력이 모여 훗날 정치에 참여할 권리가 생겼다고요. 옛날 다모임에도 차별이 있었고, 거기에 맞서 싸워 권리를 얻은 거네요!"

선생님은 박수를 한 번 '짝!' 치시더니 오늘처럼 누군가 우리의 자유를 빼앗는다면 가만히 있지 말고 싸워야한다고 말씀하셨다. 친구들은 고개를 끄덕이면서도 순식간에 김선생님법을 만들어버린 선생님께 야유를 보냈다. 선생님은 민망한 듯, 머리를 긁적이며 말씀하셨다.

"흠, 흠! 다모임은 학교에서 민주주의를 배우는 소중한 시간이야. 무엇보다 이곳 구름숲초등학교에서 지냈던 선배들의 땀과 눈물로 만들어진 걸 잊지 말고 더 책임감 있게 참여하면 좋겠어. 끝!"

지우와 아현이는 선생님 말씀이 끝나자마자 나의 손을 잡았다.

"하라야, 우리가 다모임 게시판을 보여줄게!"

지우와 아현이는 1층 중앙 현관에 있는 다모임 게시판 앞으로 나를 데려갔다.

"예전에 여기에는 신발장이랑 오래된 물건들이 놓여 있었는데, 전교생이 다모임에 참여하게 되면서 모두 치우고 여길 '가온터'라고 부르게 됐대. 이렇게 다모임 게시판도 설치하고 말이야."
"가온터?"
"응. '가운데'라는 뜻의 우리말이라고 하더라. 우리 학교 한가운데에 있는 공간이니까 가온터라고 이름 붙인 게 아닐까?"

가온터 한쪽에는 바다와 파도가 연상되는 물결 모양의 파랑색 소파가 있고, 반대편 커다란 화이트보드 칠판에는 나무그림이 그려 있다. 마치 구름숲초등학교를 둘러싸고 있는 나무들처럼 말이다.
가온터와 다모임 게시판을 구경하고 있는 사이 지우와 아현이가 검정색 보드마카 뚜껑을 '똑' 하고 열더니 다음 다모임 안건을 썼다.

### 급식 먹는 순서 정하기

밥 먹는 순서를 우리가 정한다고? 내가 다니던 학교에서는 선생님들이 정해서 알려주셨다. 아니, 당연히 고학년이 먼저 먹었던가?

그런데 이걸 우리가 정해도 되는 걸까? 선생님들이 싫어하지는 않으시려나? 다모임에서 어떤 대화가 오고갈까? 나도 할 말이 있으려나?

궁금한 것이 많아지면서 다음 다모임이 기대되기 시작했다.

# 3장
## 우리 일은 우리가 정해

## 저학년부터 vs 고학년부터

 이 사건은 다 지우와 아현이로부터 시작됐다. 다모임 게시판에 급식 순서 정하기를 안건으로 쓰고 난 뒤 일어난 일이니까.

 4월 다모임의 주제는 급식 먹는 순서 정하기였다. 다들 얼마나 할 말이 많은지, 또 얼마나 말을 잘하던지. 이제그반 친구들만 그런 줄 알았더니 모두들 자기가 하고 싶은 말을 자유롭게 했다. 나는 이쪽저쪽 고개를 돌려 말하는 사람을 보는 것만으로도 정신이 없었다.
 다모임 분위기는 엄청나게 치열했다. 저학년이 먼저 급

식을 먹어야 한다고 말하는 쪽과 고학년이 먼저 급식을 먹어야 한다고 말하는 쪽 모두 나름의 이유가 있었다.

저학년이 먼저 먹어야 한다고 주장하는 쪽에서는 선배들이 양보해서 동생을 먼저 챙겨야 한다고 말했다. 고학년이 먼저 먹어야 한다고 이야기하는 쪽에서는 고학년이 저학년보다 밥을 빨리 먹으니까, 고학년이 먼저 먹어야 쉬는 시간이 더 길어진다고 주장했다.

---

### 급식 먹는 순서 정하기

저학년이 먼저 먹어야 한다: 31표

고학년이 먼저 먹어야 한다: 35표

기권: 3표

---

투표를 한 결과 전교생 69명 중 '저학년이 먼저 먹어야 한다'는 31표, '고학년이 먼저 먹어야 한다'는 35표, 기권 3표로 고학년이 먼저 급식을 먹기로 결정됐다.

문제는 급식 순서 정하는 문제가 이대로 해결되지 않았다는 것이다. 누군가가 고학년부터 밥을 먹는 게 불편했는지 급식 순서를 다시 정하자는 안건을 냈다. 다모임이 끝나고 고학년의 인원 수가 더 많아서 이런 결과가 나온거라고, 결과를 받아들일 수 없다고 불평하는 저학년을 봤는데 그중 한 명이었을까?

똑같은 주제로 두 번이나 다모임을 하게 될 줄이야! 이제 그반 친구들도 이런 일은 처음이라며 당황한 눈치였다.

---

**5월 다모임 안건**

급식 순서 다시 정하기

---

"오늘 다모임에서는 급식 먹는 순서를 다시 정해보겠습니다. 지난 다모임에서 이미 결정을 한 내용인데요. 왜 같은 안건을 냈는지 제안한 사람에게 의견을 들어보겠습니다."

다모임 의장이 마이크를 들고 말했다. 마이크 전달 역할을 맡은 6학년 오빠가 안건을 쓴 3학년 도균이에게 달려갔다. 도균이는 마이크를 들고 비장한 표정으로 말했다.

"고학년이 먼저 밥을 먹었잖아요? 고학년 때문에 우리는 엄청 고생했습니다. 이제 저학년도 먼저 먹으면 좋겠습니다. 왜 매번 저학년이 양보해야 하나요?"

원래도 목소리가 커서 눈에 띄는 도균이인데, 마이크를 잡으니 목소리가 더 커졌다. 도균이의 말이 끝나자 다른 동생들도 소리 높여 말했다. 오른손을 번쩍 들면서 '맞아요!'라고 외쳤다. 의장이 조용히 해달라고 말해도 아랑곳하지 않았다.

내 옆에 앉아 있던 승우가 도균이를 가만히 바라보더니 손을 들고 자리에서 일어났다. 6학년 오빠가 이번에는 승우에게 달려와 마이크를 전달했다.

"아아, 제가 4학년으로서 딱 한마디만 할게요. 3학년 윤 도균은 형이 하는 말을 잘 들으세요. 저학년이 먼저 밥을 먹잖아요? 그러면 그때는 우리가 억울해요. 우리도 양보할 생각이 없어요."

"맞아! 우리도 저학년 때 만날 늦게 먹었으니까 너희도 늦게 먹어야 해!"

"도균아, 더구나 너는 이제 1년만 참으면 고학년이 되잖아. 그러면 3년 동안 일찍 밥을 먹을 수 있어. 1년 불편하고 3년 편할래, 아니면 1년 편하고 3년 불편할래?"

5학년과 6학년도 승우의 말을 거들었다. 도균이는 선배들이 하는 말에 주눅이 들었는지 입만 삐쭉 내밀고 아무 말도 하지 못했다. 도균이가 말을 못하자 옆에 앉은 동언이가 말했다.

"지금 형, 누나들이 동생을 약올리는 겁니까? 아, 다모임 하기 싫어지네!"

오늘 다모임은 지난번과는 분위기가 사뭇 다르다. 저학년 대 고학년으로 나뉘어 싸우는 느낌이랄까? 운동회 같은 분위기가 다모임터를 감쌌다. 어느새 의장을 맡은 오빠는 땀을 뻘뻘 흘리고 있었다.

나도 6학년이 되면 다모임을 진행해야 하나? 아직 의견을 말하는 것도, 친구들의 말을 중간에서 정리하는 것도 어려운데 어쩌지? 나는 고개를 들어 선생님을 찾았다. 보통은 우리가 어려워하면 나서서 도와주셨는데 어쩐 일인지 가만히 보고만 계신다. 이러다 싸움이 나면 어쩌나 가슴이 콩닥콩닥 뛰었다.

"잠시만요! 저한테 마이크 좀 주세요! 저 좀 봐주세요!"

누군가 손을 번쩍 들었다. 모두 정신이 없어 의장도, 마이크를 전달하는 6학년도 하음이 오빠가 손을 든 줄도 몰랐다.

"지금 모두 너무 흥분한 것 같아요. 일단 침착들 하시고! 혹시 이런 말 들어봤나요? 저도 최근에 엄마한테 들었는데 '반대를 위한 반대'라고요. 지금 우리 모습을 보니 모두가 반대를 위한 반대를 하는 것 같아요. 고학년이나 저학년이나 자기 이익만을 위해서 이야기하고 있는 느낌이에요. 상대 의견에 반대만 하고요."

새로운 의견에 시끄러웠던 다모임터가 조용해졌다.

"이렇게 해서는 아무것도 결정할 수 없어요. 꼭 저학년이랑 고학년으로 나뉘어서 생각해야 할까요? 새로운 방법을 생각해 보자고요. 자기 생각만 하지 말고요!"

하음이 오빠 말이 끝나자 다시 웅성거림이 커졌다. 그

안에는 지금까지 나오지 않던 새로운 생각들도 있었다.

"저학년과 고학년으로 나누지 말고, 1~2학년, 3~4학년, 5~6학년으로 나누면 어떨까요?"
"수업이 먼저 끝난 학년부터 먹는 것도 좋겠네요!"
"그냥 학년 상관 없이 제비뽑기로 정해요!"

지금껏 생각해 본 적 없는 다양한 방법이 여기저기서 튀어나왔다. 서기를 맡은 언니는 다양하게 쏟아지는 의견을 칠판에 적느라 정신이 없어 보였다. 새로운 방법을 생각하자는 하음이 오빠의 말이 '반대를 위한 반대'를 끝냈다.

"또 다른 의견 없나요?"

의장은 마지막으로 더 의견이 없는지 물었다.

"아, 그냥 자기가 먹고 싶은 시간에 먹으면 안 돼요? 뷔페처럼요. 꼭 자기 학년이랑 먹어야 하는 건 아니잖아요. 빨리 먹고 놀고 싶을 때도 있고, 놀다가 늦게 먹고 싶을 때도 있단 말이에요!"

"와, 도균이 너 천재 아니야? 저도 이 의견에 동의합니다. 나는 4학년 지우 언니랑 먹고 싶어요. 꼭 같은 학년이랑 안 먹어도 좋을 것 같아요."

다모임 시간은 모두 80분으로 3교시 40분, 4교시 40분을 합쳐서 진행한다. 급식 순서 정하는 문제를 가지고 80분이나 이야기를 나눌 줄은 몰랐다. 다들 지칠만도 한데 아직도 하고 싶은 말이 더 있나 보다.

의장은 도균이의 마지막 의견을 포함해 투표를 부쳤다.

---

### 급식 먹는 순서 다시 정하기 투표 결과

1위. 자기가 밥을 먹고 싶은 시간에 먹기

2위. 다 같이 모여 제비뽑기로 순서 정하기

3위. 고학년부터 먹기

4위. 저학년부터 먹기

5위. 기타

투표 결과 '자기가 밥을 먹고 싶은 시간에 먹기'가 가장 많은 표를 얻었다. 두 번째는 다 같이 모여 제비를 뽑는 방법이었다.

도균이는 자신이 낸 안건으로 인해 새로운 규칙이 생겨서 그런지 뿌듯한 표정이다. 다른 사람들도 저학년과 고학년으로 나뉘어 이야기할 때보다 훨씬 편안한 표정이다. 나도 사실 도균이의 의견에 투표를 했다. 내 의견이 그대로 학교의 규칙이 되다니. 티내지 않았지만 기분이 좋았다.

남자 아이들은 4교시가 끝나자마자 축구를 하고 밥을 먹자며 사람들을 모으고 있다. 1학년부터 6학년까지, 너나 할 것 없이 같은 의견을 가진 사람끼리 모였다.

도서관을 좋아하는 도훈이는 상현이에게 밥을 빨리 먹고 도서관에 가서 책을 읽자고 말했다. 다들 새로 정한 규칙으로 바뀔 점심시간을 기대하는 눈치였다. 나는 언제 밥을 먹어야하나 고민이 되었다.

"하라야! 너는 언제 밥 먹고 싶어? 우리랑 같이 먹을래?"

아현이와 지우가 양옆에서 팔짱을 끼며 말했다. 두 사

람이 팔짱을 끼니 같이 안 먹을 수가 없겠다. 제이도 우리 곁에 왔다. 나에게 아직 학교가 낯서니까 내가 하고 싶은 대로 결정하라고, 자기들이 함께 해주겠다고 씩 웃으며 말한다. 그 웃음에 나도 모르게 마음이 편해졌다. 그래서일까, 나도 모르게 속마음이 불쑥 입으로 튀어나왔다.

"4교시가 끝나고 도서관에서 책을 읽다가 밥을 먹으러 가면 어때? 나는 책 읽는 걸 좋아하거든……."

제이와 아현이가 나를 바라보며 고개를 세차게 끄덕였다. 그리곤 내 양팔을 들어 올리며 '만세!'라고 외쳤다. 두 팔을 들어서일까? 아니면 마음속에 있던 말을 꺼내서 그런가? 나는 가슴이 뻥 뚫린 기분이 들었다.

"아, 속 시원해!"

나도 모르게 터져나온 말에 제이와 아현이가 소리내어 웃었다.

# 이 책은 사면 안 됩니다

 책을 마음껏 읽다가 밥을 먹으러 가니 너무 좋다. 전학을 와서 낯설었던 구름숲초등학교가 썩 마음에 든다. 내가 하고 싶은 대로 결정하고, 실천할 수 있는 학교라니, 정말 행복하다. 이제 진짜 이 학교에 적응한 느낌이다.
 친구들 덕분도 있지만 생각해보니 이건 모두 다모임 덕분인 것 같다. 도균이가 다모임에서 자신의 생각을 꺼내지 않았다면, 아니 애초에 아현이와 지우가 다모임 게시판에 급식 순서를 정하자는 안건을 쓰지 않았다면 이런 일은 없었을 거다. 문득 나도 다모임 안건을 한 번 써볼까 하는 생각이 들었다.

"하라야, 너 혹시 소식 들었어? 이번에 강한 작가님이 노벨상이라는 엄청 큰 상을 받는대!"

엄마와 뉴스를 봤다며 아현이가 말했다. 강한 작가님의 책이 궁금해진 우리는 도서관 선생님께 강한 작가님의 책을 빌려볼 수 있는지 물었다. 선생님은 강한 작가님이 아시아 최초로 노벨 문학상을 받은 여성 작가라고, 생각할 거리가 많은 작품을 쓰는 분이라고 말씀하셨다. 컴퓨터로 강한 작가님의 책이 있는지 검색하는 방법도 알려주셨다.

지우가 검지 손가락 두 개로 키보드를 쳐서 '강한'이라고 썼다. 나는 잔뜩 기대감에 부풀어 화면을 뚫어지게 쳐다봤다. 그런데 이럴 수가, 강한 작가님의 책은 아무리 검색해도 나오지 않았다. 도서관 선생님께 물어보니 아무래도 우리 학교에 강한 작가님의 책이 없는 것 같다고 하셨다.

"에이. 강한 작가님의 책을 직접 보고 싶었는데……."

실망해서 축 늘어진 나를 보더니 제이가 말했다.

"하라야, 다모임 게시판에 써 보면 어때? 강한 작가님의 책을 사달라고! 너 강한 작가님 책 읽고 싶잖아!"

제이가 내 마음을 어떻게 알았을까? 안 그래도 다모임 게시판에 안건을 한 번 써보고 싶었는데. 하지만 막상 쓰려니 용기가 안 났다.

"야, 안 되겠다. 아현아, 얘 팔 잡아!"

지우가 나의 오른손을 잡고 말했다. 아현이가 왼손을 잡았다. 나는 지난번처럼 아이들 힘에 이끌려 다모임 게시판 앞으로 갔다. 제이가 보드마카 뚜껑을 열더니 나의 오른손에 쥐어줬다. 이제 어쩔 수 없다. 쓸 수밖에. 나는 한 글자 한 글자 힘을 주어 꾹꾹 눌러 썼다.

강한 작가님의 책을 읽고 싶어요.

지우와 아현이, 제이가 박수를 쳤다. 하라가 쓴 첫 번째 다모임 안건이라며 자기 일인 것처럼 기뻐하는 모습에 나도 모르게 얼굴이 빨개졌다.

　아이들이 하라는대로 안건을 쓰긴 썼는데 그 다음은 어떻게 하지? 지난 번에 보니 의장이 의견을 낸 사람에게 마이크를 주던데, 그때 나는 뭐라고 말해야 하나. 여러 사람 앞에서 말을 할 생각에 눈앞이 아득해졌다. 그냥 내일 아침 일찍 학교에 와서 안건을 지워버릴까 하는 생각마저 들었다.

＊＊＊

　"다음으로 이번 다모임의 두 번째 안건입니다. 강한 작가님의 책을 읽고 싶다는 의견인데요. 제안한 사람은 이유

를 말해주세요."

마이크를 쥐니 가슴이 너무 떨렸다. 내 심장 소리가 다 모임터를 넘어 복도까지 들리는 게 아닐까 하는 걱정이 들 정도였다.

"아, 안녕하세요. 4학년 구하라입니다. 제가 이 안건을 쓴 이유는요. 노벨 문학상을 받는 …… 강한 작가님의 책을 읽고 싶은데 학교에 책이 없더라고요. 도서관 선생님께서 강한 작가님은 아시아 최초로 노벨 문학상을 받은 여성 작가라 하셨어요. 그래서 강한 작가님의 책을 사서 도서관에 두고 함께 읽으면 …… 좋겠습니다."

이 말을 하기 위해 집에서 엄마, 아빠를 앞에 앉히고 얼마나 연습을 했는지 모른다. 엄마의 말을 따라 거울 앞에 서서 연습을 하고, 동생을 피해 문을 잠그고 방 안으로 들어가 연습도 했다. 연습 덕분일까, 안건을 쓴 이유를 무사히 발표할 수 있었다. 하지만 빠르게 뛰는 심장은 쉽게 가라앉지 않았다.

의장이 내게 의견을 잘 말해줘 고맙다고 말했다. 나는 또 말을 시키면 어쩌나 의장의 입만 바라봤다. 의장은 안건에 대한 의견이 있는 사람은 자유롭게 말을 해달라며 다모임을 진행했다. 이때 5학년 루다 언니가 손을 들었다.

"제가 듣기로 강한 작가의 책에는 폭력적이고 야한 장면이 있다고 하더라고요. 초등학생이 읽기에는 알맞지 않다고 하는데 학교 도서관에 책을 사 두는 게 맞을까요?"

"저도 같은 생각입니다. 뉴스에서 봤어요. 어떤 학교에서는 강한 작가님의 책을 도서관에 두었다가 학생들이 읽기에는 적합하지 않다고 모두 뺐다고 합니다. 이 책은 사면 안 된다고 생각해요."

루다 언니 옆에 있던 지필이 오빠도 한마디 보탰다. 나는 최근에 두 사람을 도서관에서 자주 보았다. 책을 좋아하는지 매일 책을 세 권씩이나 빌려 가는 언니랑 오빠다.

그나저나 내 의견에 반대를 하는 사람들이 있을 줄이야. 안건을 괜히 낸 건 아닌지 후회가 됐다. 다모임터에 있는 사람들이 모두 나만 바라보는 것 같다. 얼굴이 뜨거워지는 것 같아 고개를 푹 숙였다.

 이제 어떻게 하지? 두 사람 생각에 반대하는 의견을 내야 할까? 이것도 반대를 위한 반대인가? 나는 정말 강한 작가님의 책을 꼭 읽고 싶은데, 뭐라고 말을 하면 좋지? 괜한 말을 했다가 사람들이 나를 싫어하면 어쩌지? 그냥 안건을 없애달라고 말할까?

 머릿속이 온갖 생각으로 가득 찼다.

"읽지 못하더라도 전시만 하면 어떨까요?"

"책을 직접 읽어보지도 않고 어른들이 하는 말을 그대로 믿어도 될까요?"

"우리 엄마가 만화책을 읽으면 바보가 된대요. 그래서 집에서는 만화책을 못 읽고 도서관에서 몰래 읽고 있어요. 그런데 전혀 바보가 되지 않던데요? 엄마 말이라고 다 맞는 건 아니라 생각해요! 저는 오히려 만화책을 보면서 좋은 점이 많았어요! 한글도 만화책으로 배웠고요. 지필이 오빠랑 루다 언니도 만화책을 좋아하지 않나요?"

 고개를 들어 보니 지우와 아현이 그리고 제이가 반대

의견을 말하고 있다. 나와 눈이 마주친 지우가 나에게 윙크를 했다. 자신들만 믿으라는 것처럼.

의장은 또 다른 찬성과 반대 의견을 듣고 투표를 진행했다.

---

**강한 작가님 책을 사자 투표 결과**

찬성: 24명

반대: 42명

기권: 3명

---

"투표 결과를 말씀드리겠습니다. 강한 작가님의 책을 사자는 데 찬성하는 사람은 24명, 반대하는 사람은 42명 그리고 기권은 3명입니다. 투표 결과에 따라 강한 작가님의 책은 사지 않겠습니다."

내가 처음으로 쓴 다모임 안건은 슬프게도 반대가 더

많았다. 친구들이 힘을 보태줬지만 역부족이었다. 찬성보다 반대 표가 훨씬 많았다.

다모임만 있으면 내가 하고 싶은 대로 학교에서 무엇이든 할 수 있을 거라고 생각했는데 착각이었나 보다. 다모임에서 무엇이든 다 되는 건 아니었다.

내 마음을 읽은 걸까, 아현이와 지우가 다가와 나를 가만히 안아줬다.

그때 멀리서 우리를 지켜보고 있던 김선생님이 손을 드셨다. 의장은 마이크를 선생님에게 전달했다.

"나도 한마디 해도 될까? 하라가 강한 작가님의 책이 궁금한 것 같아. 선생님도 사실 궁금했거든. 혹시 너희들 도서관에 선생님들을 위한 책꽂이가 따로 있는 걸 아니?

그곳에 강한 작가님의 책을 채워둘까 하는데, 너희 생각은 어때? 지금 결정은 강한 작가님의 책이 초등학생이 읽기 적합하지 않기 때문에 내려진 거잖아. 선생님들 책꽂이에 있는 건 문제가 없을 것 같은데."

 나는 선생님을 바라보며 고개를 크게 끄덕였다. 의장은 선생님들 책꽂이는 선생님들 것이니 학생들이 정할 일은 아닌 것 같다고 말했다.
 김선생님 덕분에 나의 안건이 다시 살아난 기분이다. 무엇보다 진짜로 보고 싶던 강한 작가님의 책을 볼 수 있다는 것이 기뻤다.

# 쌀인마를 반대합니다

　김선생님의 다모임 발언 덕분에 도서관에 강한 작가님의 책이 들어왔다. 선생님은 강한 작가님의 모든 책을 책꽂이에 가득 채워주셨다.

　실제로 본 강한 작가님의 책은 생각보다 두꺼웠다. 앞부분을 조금 읽어봤는데 무슨 말인지 하나도 모르겠다. 어른들은 다 이해하고 보려나? 그래도 노벨 문학상을 받은 작가님 책이 우리 학교 도서관에 있는 것만으로도 뿌듯하다. 나도 열심히 책을 읽고, 글을 쓰면 언젠가 강한 작가님처럼 멋진 작가가 될 수 있지 않을까?

"하라가 책꽂이 앞에서 떠나질 못하네?"
"그러게, 강한 작가님 책이 안 들어왔으면 어떻게 했을까 몰라."

지우와 아현이가 내 옆에 슬그머니 다가와서 말했다. 친구들 말이 다 맞다. 그날 이후 김선생님은 내게 무척 호감이다. 선생님이 다모임에서 말해주지 않았다면 강한 작가님의 모든 책을 한 곳에 모아두지 못했을 테니까. 앞으로도 선생님들이 다모임에 더 참여해 주면 좋겠다.

문득 궁금해졌다. 선생님들은 왜 다모임을 지켜보고만 계실까? 정말 필요할 때만 말을 하기로 약속이라도 하신 걸까? 다모임은 학생들을 위한 자리라더니, 어른들은 일부러 안 나서는 건가? 내 머릿속은 질문으로 가득 찼다.

"지우야, 다모임은 원래 학생만 참여하는 거야? 선생님처럼 어른들은 일부러 참여를 안 하시는 건가?"
"그건 아니야. 작년인가? 부모님들이 다모임에 참여한 적이 있었거든. 사실 다모임터에 직접 오신 건 아니고, 길게 글을 써서 보내셨는데……. 그걸 뭐라고 하더라?"

"성명서! 부모님들이 성명서를 써서 보냈었지."

성명서는 또 뭘까? 지우와 아현이에게 부모님들이 다모임에 참여한 이야기를 더 자세히 알려달라고 했다. 지우는 도서관에 애들이 너무 많으니 이야기 나눔터로 가자고 말했다. 나는 가방에서 방과 후에 먹으려고 가져온 과자를 꺼냈다. 학교에 잘 적응할 수 있게 도와주는 친구들이 고마워 함께 나눠 먹으려고 집에서 가져왔다.

쉬는 시간이 얼마 안 남았다. 우리는 재빨리 이야기 나눔터로 뛰어갔다. 아현이가 과자 봉지를 뜯는 사이 나는 지우 곁에 바짝 붙었다.

"하라도 지난 번에 모내기를 해봐서 알지? 우리 학교는 논농사를 하잖아. 추수를 하고 탈곡도 해서 1년 논농사를 마치면 마지막에 쌀을 받아. 이때 다모임에서 쌀 이름을 정하거든? 내가 들려줄 이야기는 다모임에서 우리가 쌀 이름을 '쌀인마'로 정하면서 시작돼."

지우는 비밀 이야기를 하는 것처럼 목소리를 낮게 깔았다.

✦ ✦ ✦

## 학부모회 성명서

쌀 이름 '쌀인마'에 대해, 학부모들의 입장을 아래와 같이 밝힙니다.

쌀 이름을 정하는 과정은 '다수결'이라는 민주적인 절차를 거쳐 진행되었습니다. 그럼에도 불구하고 이름 자체가 주는 느낌 때문에 불편함을 호소하는 학부모들이 많습니다.

생명을 상징하는 쌀에 폭력적인 분위기를 띠는 이름이 붙어 거부감이 든다, 다수결에 의해 결정된 이름이긴 하지만 신중하지 못하고 장난스러워 보여서 아쉽다, 학교와 마을이 함께 키운 쌀이니 이름도 함께 정하면 좋겠다 등이 그러한 내용들입니다.

학생들이 결정한 것이니 존중해야 한다는 의견도 있었습니다. 하지만 이번 일을 계기로 '표현의 자유'가 어디까지 허용되어야 하는지에 대해 생각해 보았으면 합니다.

또 '다수결'이라는 의사 결정 방식이 항상 모두를 만족시키는 결과를 가져오는 것만은 아니라는, 중요한 사실을 배웠으면 합니다.

우리 학부모회는 구름숲초등학교 학생들이 신중하고 성숙한 태도로 쌀 이름을 다시 정하기를 바랍니다.

구름숲초등학교 학부모회 일동

"다모임터 게시판에 붙은 학부모님들의 글을 보고 모두 당황했어. 쌀인마라는 이름을 제안한 준호 오빠도 난처한 얼굴이었지. 6학년은 다시 다모임을 열어야 하나 고민에 빠졌어. 그런데 준호 오빠는 좀 억울했나봐. 자기는 친구들을 웃기려고 제안한 건데 그게 다수결로 결정이 됐고, 결과적으로 그 이름 때문에 부모님들께 혼나는 기분이 들어 속상했다고 하더라고."

아현이가 지우의 말을 이어 계속했다.

"이 소식을 들은 선생님들이 먼저 회의를 열자고 제안하셨어. 구름숲의 학부모, 선생님, 학생들 모두 쌀 이름 정하는 문제로 생각에 잠긴 거지! 그때 일만 생각하면 지금도 머리가 지끈거린다니까!"

지우가 아현이 곁으로 쓰러지는 시늉을 했다. 흥미진진하게 말하는 두 사람을 보니 침이 꼴깍 넘어갔다. 나는 다음 이야기가 궁금해 지우를 재촉했다. 얼마나 집중을 했는지 막상 가져온 간식은 손도 대지 않았다.

"준호 오빠는 장난으로 한 일이 너무 커진 것 같다고, 다시 쌀 이름을 정하면 좋겠다고 말했지. 결국 쌀 이름을 다시 정하는 긴급 다모임이 열렸어."

이야기를 들으며 6학년이 참 멋지다는 생각이 들었다. 여러 사람의 의견을 받고 모으는 것만 해도 힘든 일인데, 잘못된 방향을 바로잡는 성숙한 모습까지 보여주다니, 역시 선배는 다르구나 싶었다.
그때 마침 예비종이 울렸다.

"앗 들어갈 시간이잖아? 지우야 그래서 쌀 이름은 뭘로 정했어?"

내가 다급하게 묻자 지우도 얼른 답했다.

"삼겹쌀! 쌀인마에서 삼겹쌀로 쌀 이름이 바뀌었어!"
"어? 그것도 너무 장난 같은 이름 아니야? 폭력적이지는 않지만"
"호호, 그렇지만 삼겹쌀에는 숨겨진 의미가 있지. 논농사를 함께 지은 사람들의 땀이란 뜻이거든. 학생들 땀 한 겹, 학부모님들 땀 한 겹 그리고 선생님들의 땀 한 겹! 그래서 삼겹쌀이 된 거야."

의미를 알고 나니 저절로 고개가 끄덕여졌다. 이런 멋진 의미를 담았을 줄이야. 아직 모내기밖에 해보지 않았지만 벼를 잘 키워서 올해 쌀 이름을 정할 땐 내 의견도 보태고 싶다는 생각을 했다.

쉬는 시간이 모두 끝나 교실에 가려고 의자에서 일어나는데 지우가 이것만 듣고 가라며 내 팔을 잡았다.

"부모님들께는 비밀인데, 사실 우리는 이번에도 삼겹쌀이라는 말이 웃겨서 투표를 했거든? 그런데 선생님들이 의미를 붙이신 거야. 우리가 결정한 결과를 지켜주고 싶다고."

다모임을 할 때 구석에서 조용히 계시는 선생님들을 보며 '왜 아무 말도 안 하시는 거야?' 하고 섭섭해 했었는데, 지우 말을 듣고 보니 우리 이야기를 자세히 듣고, 중요한 순간에 조언도 해주신다는 걸 알 수 있었다. 강한 작가님의 책을 살 때처럼 말이다.

다모임의 주인공은 학생이지만 알고 보니 선생님과 학부모들이 다 함께 하는 자리였다. 앞으로는 의견을 내더라도 반대 의견이 있으면 어쩌나 겁먹지 말고, 더 자신있게 이야기해야겠다. 든든한 사람들이 함께 하니 말이다.

'꼬르륵-'

"으하하, 하라 너 배고프구나? 방금 꼬르륵 소리 엄청 컸어!"

아현이가 깔깔거리며 웃었다. 자꾸 삼겹쌀, 삼겹쌀 하니까 삼겹살이 먹고 싶다. 나는 오늘 급식에 고기 반찬이 나오면 좋겠다는 생각을 하며 남은 과자를 입에 털어 넣고는 아이들과 신나게 교실로 뛰어갔다.

# 4장
## 위기의 다모임

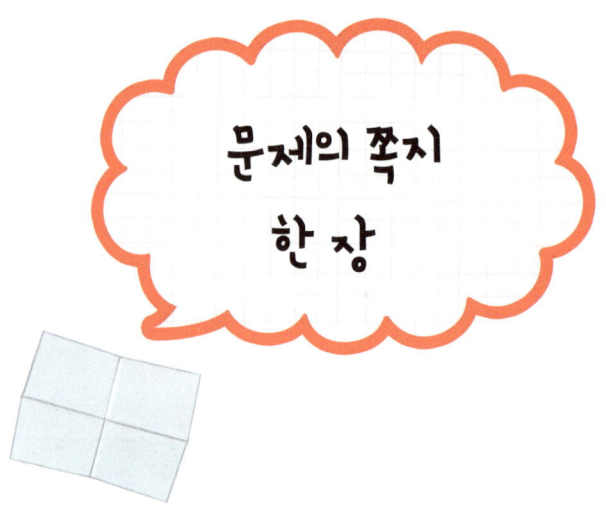

"하라야, 혹시 다모임에서 말하기 어렵거나 불편한 건 없니?"

지난 화요일 점심 시간에 6학년 여진이 언니가 나에게 물었다. 갑작스러운 질문이긴 했지만, 언니의 눈빛은 나를 도와주려는 듯 다정했다. 나는 용기를 내어 말했다.

"다모임에서 이야기하고 싶은 것들이 불쑥 떠오를 때도 있는데 이걸 안건으로 내도 되는지 망설이게 되더라고. 깜빡 잊어버릴 때도 있고……."

여진이 언니는 나의 말을 듣더니 주머니에서 꼬깃꼬깃 접은 종이를 꺼냈다. 그리곤 쥐고 있던 파란색 샤프를 툭툭 누르더니 종이에 내 말을 받아 적었다. 둘러보니 여진이 언니만이 아니었다. 다른 6학년 언니와 오빠들도 점심 놀이 시간, 중간 놀이 시간을 가리지 않고 비슷한 질문을 했다.

*다모임 게시판으로는 부족했죠?*

*다모임이 2주에 한 번 열려서 안건을 자주 잊었죠?*

*그래서 다모임 우편함을 만들었습니다.*

*앞으로는 잊기 전에 바로 써서 넣으세요!*

급식실로 가는 복도에 다모임 우편함이 생겼다. 1층 화장실과 2층 화장실 앞에도 모양은 다르지만 다모임 우편함이 놓였다. 고민이나 걱정, 하고 싶은 말을 자유롭게 쓰라는 말과 함께 편지지도 준비되어 있었다.

지우가 편지지를 살펴보며 말했다.

"아직 한글 쓰기가 서툰 1학년을 위해 이렇게 빈 종이를 뒀나봐."

지우 말을 듣고 보니 정말 그런 것 같다. 줄이 안 그어져 있으니 글씨를 크게 써도 괜찮고, 그림을 그릴 수도 있다. 6학년 언니, 오빠들이 다시 보이는 순간이었다.
지우와 내가 우편함을 요리조리 살펴보고 있는데 여진이 언니가 말을 걸었다.

"하라야, 우편함 봤어? 네 의견을 적극 반영했지!"

언니는 내가 한 말이 도움이 됐다고, 다모임을 더 잘 운영하기 위해 6학년 모두가 고민하고 있었는데 좋은 의견을 줘서 고맙다고 말했다. 대단한 일을 한 것도 아닌데 감사 인사까지 받을 줄이야. 언니의 격한 반응에 괜히 얼굴이 화끈거렸다.

*"나는 각금식 지영이랑 싸워요. 어떻게요? ♡"*
*"저학년 앞에서 욕을 사용하지 않으면 좋겠습니다. - 누군가 -"*

"운동장에서 축구를 할 때 다른 학년을 쫓아내지 말고 다 같이 하자."

"학교에서 핸드폰 게임을 할 수 있으면 좋겠어요."

우편함 덕일까, 갑자기 다모임 안건이 많아졌다.

나는 우편함을 보며 언제든 자신의 생각을 전달할 수 있는 것이 마치 사회 시간에 배운 '국민 청원'과 비슷하다는 생각을 했다. 선생님은 수업 시간에 국민의 제안이 정책으로 만들어질 수 있다고 하셨다. 우리도 다모임에서 제안을 하고, 그게 학교 규칙이 되기도 하니까. 정말로 비슷하다.

이런저런 생각을 하면서 복도를 걷는데 스피커에서 안내 방송이 흘러나왔다.

"오늘 중간 놀이 시간에 긴급 다모임이 열립니다. 구름숲초등학교 학생들은 10시 30분에 다모임터로 모여 주세요."

＊＊＊

 승우와 지한이는 입이 삐죽 나왔다. 중간 놀이 시간에 놀지 못해서 삐친 모양이다.
 그나저나 '긴급'이라니, 무슨 일일까? 나는 의장을 맡은 여진이 언니를 뚫어지게 바라봤다. 언니는 마이크를 툭툭 두 번 두드리더니 떨리는 목소리로 말했다.

 "긴급 다모임을 진행하는 이유를 먼저 말씀드리겠습니다. 누군가 익명으로 다모임 우편함에 편지를 썼는데요. 내용이 매우 심각합니다."

 무슨 말이 써 있었기에 인상을 찌푸리며 말하는 걸까? 진지한 분위기에 긴급 다모임이 싫다던 승우와 지한이도 눈치를 살피며 잠자코 있었다. 의장은 주머니에서 종이를 꺼내어 펼쳤다.

'끼익-!'

의장이 우리에게 편지를 보여주려다 마이크를 놓쳤다. 날카로운 소리가 다모임터에 울려퍼졌다.

"XX 새끼, 6학년들"

내가 잘못 들은 건가? 방금 마이크를 통해 흘러나온 말을 도저히 믿을 수 없어 지우를 바라봤다. 지우의 눈도 휘둥그레졌다.

"누군가 이름을 밝히지 않고 'XX 새끼, 6학년들'이라는 편지를 남겼습니다. 오늘은 이 내용으로 긴급 다모임을 진행하겠습니다."

다모임터가 쥐 죽은 듯이 조용해졌다. 6학년들의 표정은 심각했다. 모두들 화가 단단히 난 것 같다. 나는 얼른 종이 쳐서 다모임터를 벗어나고 싶다는 생각이 들었다.

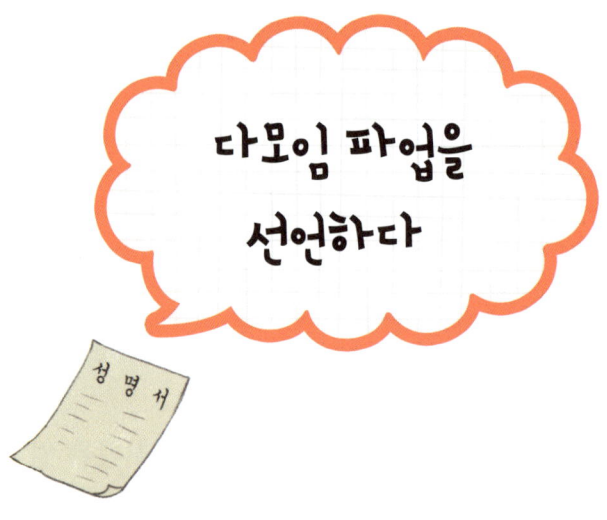

# 다모임 파업을 선언하다

편지의 내용은 빨간 펜으로 아주 크게 써 있어서 멀리서도 한 번에 보였다. 욕을 한 이유도, 더 이상의 말도 없었다.

글자 색처럼 점점 얼굴이 달아오르는 6학년 언니, 오빠들의 얼굴을 보며 모두가 긴장했다. 더 이상 다정한 6학년은 없었다.

"오늘 긴급 다모임에서 누가 이 편지를 썼는지 꼭 밝히려고 합니다."

여진이 언니의 말이 끝나자마자 모두가 고개를 오른쪽, 왼쪽으로 돌리며 서로를 바라봤다. 이럴 때 선생님들이 나서 주시면 참 좋겠는데, 그냥 우리를 바라만 보신다.

한참 동안 아무도 손을 들지 않자 6학년 예든이 오빠가 마이크를 잡았다.

"누구든, 무엇이든 편하게 말하라고 익명으로 편지를 쓰기로 한 것입니다. 그런데 이게 무슨 일인가요?"

"내가 뭐랬어요? 편지를 쓴 사람 이름도 적자고 했죠? 저는 처음부터 익명을 반대했습니다. 익명으로 편지를 써서 이런 일이 생긴 겁니다."

"다모임을 열심히 준비하면 뭐 하나요? 이렇게 욕만 먹는데!"

"다모임 시간에 딴짓을 하는 사람도 많고, 우리가 스스로 정한 규칙도 잘 지키지 않더니 결국 이런 일이 벌어지네요. 이 참에 다모임을 확 없애버립시다."

6학년 언니, 오빠들이 줄줄이 손을 들고 말했다. 나는 6학년의 마음을 알 것도 같았다. 잘 해보려고 노력했는데 결과가 좋지 않으면 속이 상하니까.

"벌써 중간 놀이 시간이 끝나갑니다. 지금 여기에는 이 편지를 쓴 사람이 없다는 거죠?"

여진이 언니의 말에 이번에도 다들 고개만 옆으로 저었다. 오늘 결석한 사람이 없으니 분명 이 중 누군가가 욕을 썼을 텐데. 솔직하게 손을 들고 말하면 좋겠다.

하지만 한편으로는 이렇게 많은 사람들 앞에서 내가 욕을 썼다고 말할 수 없을 것 같기도 하다. 그래도 이런 큰일을 벌였으면 책임을 져야 한다.

"알겠습니다. 이것으로 긴급 다모임은 마치겠습니다."

의장의 말이 끝나자마자 '끼익-' 소리가 다시 났다. 자리를 정리하다가 실수로 마이크를 또 떨어뜨린 것이다. 그 소리 때문에 내 마음은 더 콩닥콩닥 뛰었다.

6학년은 욕을 쓴 사람을 찾지 못해 더 화가 난 모양인지, 따로 모여 무슨 이야기를 나누고 있다. 궁금해서 그쪽으로 다가가려는데 지우가 나의 손을 잡아 끌었다.

"하라야, 지금은 피하는 게 좋을 것 같아."

* * *

다시 다모임을 하는 날이다. 평소 같았으면 오늘은 무슨 이야기를 나눌까 기대했겠지만 오늘은 다르다. '욕설 편지' 때문이다. 걱정되는 마음 때문인지 신발장을 열어 신발을 넣는 것도 힘들게 느껴진다. 실내화를 갈아 신는데 멀리서 지우와 아현이가 소리쳤다.

"야, 하라야! 빨리 와 봐!"

지우와 아현이의 손에 이끌려 가온터로 달려갔다. 게시판 주위에는 이미 아이들이 모여 있었다.

## 다모임 파업 성명서

6학년은 이 시간부로 다모임을 파업한다.

그 이유는

1. 다모임을 할 때 자신의 의견이 아니면 관심이 없고
2. 다모임이 수업 시간임에도 집중하지 않고
3. 다모임에 잘 참여하자는 6학년의 말을 듣지 않고
4. 다모임 안건을 적을 때 욕설을 적어 6학년을 혼란스럽게 하고
5. 다모임 시간에 진심으로 참여하지 않고 장난을 치며
6. 다모임에서 힘들게 정한 규칙을 지키지 않고
7. 다모임 준비와 진행을 하느라 힘든 6학년에게 불만이 너무 많고
8. 선생님들도 아이들의 장난을 받아주며 다모임을 방해하고
9. 다모임 안건을 정리하는 스케치북에 낙서를 하고
10. 이외에도 다양한 방식으로 다모임에 참여하지 않으므로

6학년은 다모임 진행을 중지하고 총파업에 돌입한다.
각 학년에서 다모임에 잘 참여하겠다는 다짐을 담은 손 편지를 적어 6학년에게 전달하면 다음 다모임 진행을 고려하겠다.

구름숲초등학교 6학년 일동

게시판에는 커다란 종이에 6학년이 또박또박 쓴 글이 적혀 있었다.

주위를 둘러보니 멀리서 선생님들도 6학년이 쓴 글을 보고 계셨다. 선생님들은 무슨 생각을 하고 계실까? 다른 친구들의 생각은 어떨까?

"지우야, 아현아. 그럼 이제 다모임을 안 하는 거야?"

나의 질문에 지우와 아현이는 자기들도 모르겠다는 듯 어깨를 으쓱해 보였다.

뉴스에서 '파업'이라는 말을 본 적 있다. 엄마는 일하는 사람들이 꼭 이루어야 할 중요한 목표가 있을 때 하던 일

을 멈추고 의견을 강하게 주장하는 것이 파업이라고 알려 주셨다. 뉴스에서는 버스 기사님들이 월급을 올려달라는 내용의 구호가 적힌 손팻말을 들고 거리에 앉아 있는 모습이 보도되고 있었다. 기사님들이 일을 멈추었기 때문에 파업 기간 동안은 1시간에 10대씩 다니던 버스가 5대만 운행된다고 했다.

그동안 나는 회사에 다니는 어른들만 파업을 할 수 있는 줄 알았다. 그런데 어린이도 파업을 할 수 있다니, 신기하고 놀라운 일이었다.

# 협상의 달인

"얘들아, 6학년이 가온터에 붙인 성명서 봤지?"

선생님이 사회 교과서를 펼치며 말씀하셨다. 꽤나 심각한 표정이다. 선생님은 우리가 성명서를 보고 어떤 기분이 들었는지, 이번 일을 어떻게 해결하고 싶은지 물으셨다.

"다모임도 파업을 할 수 있었어요? 처음이라 낯설고 신기하달까?"
"다모임은 구름숲초등학교 사람들 모두가 참석하는 자리인데 6학년이 마음대로 멈춘 것 같아 기분 나빠요."

"저는 다모임 시간이 지루했는데, 안 한다니 속 편해요."

"저는 다모임이 좋아요. 다모임을 다시 하면 좋겠어요."

친구들이 하나둘 자신의 생각을 말하는 것을 보고 나도 용기를 내어 손을 들었다.

"6학년이 많이 속상할 것 같아요. 6학년의 마음을 들어 보고 싶어요. 그동안 다모임을 진행하느라 힘들었겠다고 위로도 하고요."

선생님은 칠판에 우리의 의견을 하나씩 적으셨다. 마치 다모임에서 서기가 여러 사람의 의견을 듣고 쓰는 것처럼. 덕분에 친구들이 한 말을 찬찬히 살펴볼 수 있었다. 이제 그반에서 다 함께 지내는 우리지만 서로 다른 생각을 갖고 있는 것이 참 신기했다.

"6학년이 쓴 글의 마지막을 살펴보자. 다시 다모임을 진행하길 바란다면 다모임에 잘 참여하겠다는 다짐을 적은 편지를 써 달래. 어떻게 생각해?"

　선생님의 질문 때문에 아니, 정확하게는 6학년이 쓴 글의 마지막 부분 때문에 교실이 다시 시끄러워졌다. 도훈이가 괜히 동생들 글쓰기를 시키려는 수작 아니냐고 말하자 상현이와 현태도 도훈이 말이 맞다며 박수를 쳤다.
　지우는 편지를 쓰자고 말했다. 다모임에 잘 참여하겠다는 말도 넣어야 하지만, 내가 말한 것처럼 고생한 6학년을 응원하는 말도 쓰자고 말했다. 아현이와 제이도 지우 말에 동의한다고 손을 들었다.

　"의견이 다양하네. 오늘 사회 시간에는 다모임에 대한 이제그반의 의견을 하나로 모아볼까?"

　선생님의 말씀이 떨어지기 무섭게 아이들은 교과서를 덮어버렸다. 몇몇 친구들은 교과서보다 훨씬 재미있겠다며 환호했다. 그렇지만 나는 웃을 수 없었다. 서로 의견이 완전히 다른데 어떻게 모을 수 있을까 걱정이 앞섰다.
　마치 내 표정을 읽은 듯 선생님께서는 우리가 꼭 배워

야 할 민주주의의 원리라는 말과 함께 칠판에 세 개의 단어를 적으셨다.

> 대화, 협상, 타협

\*\*\*

"언니, 오빠들이 우리를 김선생님 법에서 구해준 거, 다들 기억하지? 나는 응원하는 편지를 쓰고 싶어."

"내가 6학년이 됐을 때 동생들에게 욕이 적힌 편지를 받는다고 생각하면……. 어휴, 정말 끔찍해! 언니, 오빠들을 위로하고 싶어."

"아까는 다모임 시간이 지루하다고 말했지만, 그래도 필요한 것 같긴 해. 나도 편지 쓰는 데에 찬성!"

우리는 오랜 대화 끝에 6학년에게 편지를 쓰기로 했다. 각자 다모임에 대한 좋거나 싫은 마음은 달랐지만 다모임 때문에 고생하는, 게다가 욕설 편지를 받아 속상한 6학년을 응원하고 싶다는 마음은 하나였다.
"얘…들아, 초콜릿 같은 달콤한 간식도 함께 전달하면 어떨까?"

나도 용기를 내어 의견을 보탰다. 친구들 모두 정말 좋은 생각이라며 박수를 쳐 주었다. 그러면서 자연스럽게 선생님께 간식을 사달라고 조르기 시작했다.

"너희들 아주 협상의 달인이 되었는걸?"

선생님이 웃으시며 6학년에게 우리의 마음이 잘 전달되도록 편지를 쓰는 동안 간식을 준비하겠다고 하셨다.
편지는 한 사람이 한 장씩 쓰기, 모두 함께 머리를 맞대어 한 장의 편지 쓰기 중 투표를 통해 '함께 한 장의 편지를 쓰기'로 정했다. 우리는 교실 가운데에 모여 한 사람이 한 문장씩 또박또박 정성들여 편지를 썼다.

> 6학년 언니, 오빠 안녕하세요?
>
> 저희는 4학년 이제그반입니다.
>
> 욕설 편지 사건으로 많이 놀라고 상처받으셨죠?
>
> 그동안 다모임을 준비하고 진행하느라 힘드셨을 텐데,
>
> 그런 편지를 받으니 기운이 쭉 빠졌을 것 같아요.
>
> 하지만 이번 일로 다모임이 없어지진 않았으면 좋겠습니다.
>
> 앞으로 우리 4학년도 다모임에 진지한 자세로
>
> 열심히 참여하겠습니다.
>
> 그리고 1, 2, 3학년이 다모임에 잘 참여할 수 있도록
>
> 이끌어 볼게요.

6학년이 쓴 다모임 파업 성명서 때문에 구름숲초등학교에서 다모임이 사라질 줄 알았다. 그런데 이상하게도 다모임은 사라지지 않았다. 성명서가 붙어 있는 가온터에서도, 우리 반 교실에서도 다 함께 자신의 생각을 말하고 결정하는 모습이 꼭 다모임 같았다.

알고 보니 다른 반들도 다모임을 다시 열자는 편지를 썼다고 한다. 물론 편지를 보내지 않은 반도 있다. 5학년은

6학년이 다모임을 하지 않으면 5학년이 진행하겠다며 편지를 쓰지 않았다고 했다.

선생님들도 성명서를 내셨다. 선생님들의 성명서에는 마음대로 다모임 파업을 결정한 6학년의 행동도 옳지 않다는 내용이 들어 있었다.

며칠이 지나고 게시판에는 새로운 글이 붙었다.

**다모임 파업을 중단합니다.**

6학년은 다모임 파업을 중단합니다.
우리는 동생들이 적극적으로 다모임에 참여하지 않아 파업을 했습니다. 그러나 선생님들의 의견을 듣고 보니, 6학년도 다모임을 원활하게 진행하지 못한 잘못이 있습니다.
다음 주 수요일 중간 놀이 시간에 긴급 다모임을 열어 앞으로 다모임을 어떻게 운영하는 것이 좋을지에 대한 의견을 받겠습니다.
다모임에 대해 하고 싶은 말을 미리 생각하고 참여해 주세요.

구름숲초등학교 6학년 일동

★★★

"지금부터 긴급 다모임을 시작하겠습니다."

오랜만에 다모임터에 아이들과 선생님이 모두 모였다. 다시 시작된 다모임의 의장도 여진이 언니였다. 의장은 마이크를 잠시 내려놓고 고개를 숙여 인사를 했다.

"먼저 다모임을 파업해서 죄송합니다. 그리고 6학년에게 힘내라고 응원을 보내줘서 고맙습니다. 우리 6학년은 앞으로 다모임에 더 큰 책임감을 갖고 참여하겠습니다."

칠판에는 '성장하는 다모임'이라고 적혀 있었다. 오늘 다모임은 새로운 결정을 하는 것이 아니라, 어떻게 하면 다모임을 더 잘 운영할 수 있을지 머리를 맞대어 고민하는 자리다.

지난번 일 때문인지 처음에는 다들 서먹해 했지만 한 명이 발표를 시작하자 기다렸다는 듯 의견이 쏟아졌다. 역시 다모임은 시끌벅적한 것이 좋다.

"지금까지 나온 의견을 정리해 보겠습니다. 다모임 우편함 덕분에 다모임 안건이 많아졌으니 우편함을 추가로 설치하자. 우편함의 편지는 익명으로 쓰지만 욕설과 이유 없는 비방은 금지하자. 5학년이 다모임 준비와 진행을 돕자. 긴급 다모임은 한 달에 한 번만 해서 쉬는 시간을 빼앗지 말자. 이 외에 또 있나요?"

서기를 맡은 내음이 오빠는 또박또박 바른 글씨로 여러 의견을 빠르게 적었다.

"마지막으로 6학년에게 하고 싶은 말이 있으면 무엇이든 해 주세요. 6학년에게 아쉬운 점이 있으니까 욕을 했겠죠? 누가 욕을 했는지는 찾지 않을게요. 대신 그동안 6학년이 잘하지 못한 일들이 있다면 오늘 다 말해 주세요. 고쳐 보겠습니다."

'욕'이라는 단어가 나오자 순간 분위기가 얼어붙는 것 같았지만 더 이상 범인을 찾지 않겠다고 하니 다들 마음을 놓는 눈치였다.

의장의 말에 5학년 서현이 오빠는 축구를 할 때 껴주지 않아서 서운했다고 말했다. 5학년 승하 오빠도 축구 이야기를 했다. 6학년이 축구를 열심히 하는 건 좋지만 동생들이 보는 앞에서 싸우지 않으면 좋겠다고 말했다. 1학년 가온이와 다건이는 체육관에서 놀려고 했는데 누나들이 춤 연습을 한다며 체육관에 못 들어가게 해서 속상했다고 말했다.

이번에도 서기가 칠판에 우리가 하는 말들을 모두 적었다.

"하하, 다들 6학년에게 하고 싶었던 말이 꽤 많았던 것 같네요. 저희 무서운 사람들 아니에요. 고칠 점이 있으면

오늘처럼 얘기해 주세요."

　의장의 말과 함께 박수로 다모임을 마쳤다. 그리고 매번 6학년이 정리하던 다모임터를 모든 학년이 함께 정리했다. 5학년이 도와주는 것보다 다 함께 정리하면 금방 끝날 거라며 지우가 먼저 제안했다. 6학년은 모두에게 고맙다고 말했다. 나도 지우와 함께 의자를 정리하고 다모임터를 나왔다.
　여진이 언니와 6학년들의 표정이 한결 가벼워 보였다.

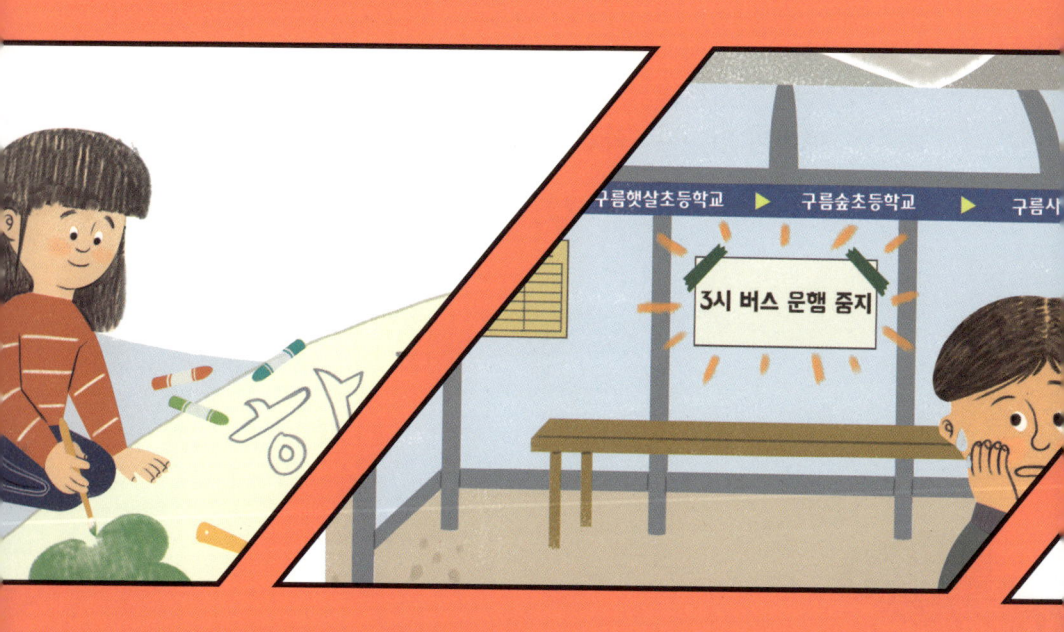

# 5장
## 학교 밖 일도 다 같이 모여서

　제이와 계단을 내려가다가 1층에 모여 있는 6학년 언니, 오빠들을 봤다. 내일 진행할 다모임을 준비하는 모양이다.

　게시판에는 안건이 여러 개 적혀 있었다. 차근차근 읽어 보니 얼마 전 경상도 지역에서 일어난 산불 이야기다. 산불이 발생한 지 일주일이 지났지만 아직 불을 끄지 못하고 있다고, 산불로 피해를 입은 사람들이 있으니 그들을 도와야 한다며 다 같이 기부금을 모으자는 제안이었다.

　다모임은 학교 안의 이야기만 다루는 줄 알았는데 오늘 보니까 학교 밖 일도 논의하나 보다. 궁금해진 나는 제이에게 예전에도 이런 적이 있는지 물었다.

"기부? 다모임에 기부가 안건으로 올라온 게 이번이 처음은 아니야. 예전에 어디더라… 튀르키예! 튀르키예에서 지진이 났을 때도 다모임에서 의논하고 기부를 했었어."

나는 튀르키예에서 지진이 난 것도 모르고 있었는데. 굉장한 말을 아무렇지 않게 하는 제이가 멋져 보였다. 아니, 당시 다모임에 참여한 친구들 모두 멋지다는 생각이 들었다. 학교 밖의 일까지도 관심을 갖고, 그것에서 멈추는 것이 아니라 행동하는 모습이 사회 시간에 배운 민주 시민의 한 사람으로 보였다.

나 혼자 기부하는 것보다 다 같이 기부를 하면 주변에서도 관심을 가지게 되고 뿌듯함도 더 커질 것 같다. 나는 이번 다모임에서 산불 피해 기부금을 모으자는 이야기가 나오면 찬성하기로 마음을 정했다.

이제그반 모두 다모임터에 일찍 도착했다. 6학년이 다모임을 준비하는 동안 우리가 의자와 방석을 놓기로 했기 때문이다. 선생님은 6학년을 도와 다모임을 준비하겠다는 우리가 기특하다며 수업을 5분이나 일찍 끝내 주셨다. 쉬는 시간이 늘어나는 걸 기대한 건 아니지만 기분이 좋았다.

6학년 언니, 오빠들은 우리에게 의자를 몇 개씩 놓아야 하는지, 방석은 어디에 두어야 하는지 알려주었다. 마이크 건전지를 확인하고, 볼륨도 조정하고, 커다란 칠판을 가져와 오늘 다모임에서 의견을 나눌 안건도 적었다.

> **다모임 안건**
> 산불 피해 지역에 기부금을 보내자.

내 마음은 이미 정해졌기에 기부금으로 얼마를 내면 좋을까 고민했다. 이번 달 용돈을 많이 모아두지는 않아 걱정이지만 부족하면 부모님께 도움을 요청할 생각이다.

"지금부터 다모임을 시작하겠습니다. 오늘 다모임에서

는 산불 피해 지역에 기부금을 보내자는 안건으로 이야기 나누겠습니다. 5학년에서 제안했는데요, 산불 피해에 대해 모르는 친구들도 있을 테니 누가 간단히 설명해 줄 수 있을까요?"

이번 다모임 의장을 맡은 승윤이 오빠의 말에 잠시 웅성거리나 싶더니, 5학년 중에 긴 생머리를 한 상호 오빠가 손을 들었다. 지난 번에 언니라고 불렀다가 무안했던 적이 있어 이름을 외워버렸다. 오빠는 머리카락을 기부할 예정이라고 한다. 기부 천사답게 이번 안건도 제안했나 보다.

"제가 한 번 말해보겠습니다. 여러분, 경상도에서 난 산불이 일주일이 넘도록 꺼지지 않고 있다는 걸 아시나요? 뉴스만 켜면 나오는 이야기라 본 친구들도 있을 것 같습니다. 산불 피해 규모가 엄청나다고 합니다. 서울 면적의 80% 가까이가 불에 타버렸다고 하니, 상상이 되시나요? 우리가 사는 지역도 몇 해 전에 큰 산불이 났었는데 다들 기억하시죠? 그래서 체험학습도 취소되었고요. 산불의 피해와 아픔을 잘 알고 있는 우리가 기부금을 모아 전달하면 피해를 입은 분들에게 큰 위로가 될 것이라 생각합니다."

 상호 오빠 옆에 앉아 있던 5학년들이 '오올~!' 하는 환호성을 보내며 박수를 쳤다. 의장은 잘 말해줘서 고맙다며 안건에 대해 찬성 또는 반대, 그 외에 다른 의견이 있는 사람들은 손을 들라고 말했다. 여기저기서 손을 들었다. 좋은 일이니 다들 찬성 의견을 내려나 보다.

 "또 기부를 한다고요? 저는 싫어요. 안 그래도 용돈이 부족한데, 얼굴도 모르는 사람에게 기부까지 해야 한다니요. 저는 반대입니다."

 6학년 린이 언니가 억울한 표정을 지으며 말했다. 나는

기부가 처음이기에 당연히 해야 한다고 생각했다. 하지만 린이 언니 이야기를 듣고 보니 기부를 한 적이 많았던 사람들의 생각은 또 다른가보다. 린이 언니를 시작으로 하나둘 반대 의견이 나왔다.

"저는 기부금을 보내는 것에는 찬성이지만 그게 꼭 다른 지역일 필요는 없다고 생각해요. 세상에 기부금이 필요한 곳은 많아요. 우리와 더 가까이에 있는 이웃을 돕는 게 낫지 않을까요?"

"저는 스마트폰을 사기 위해 용돈을 열심히 모으고 있습니다. 사실 올해 용돈을 하나도 쓰지 않고 몽땅 모아도 부족해요. 저는 기부금보다 제 스마트폰을 사는 게 더 중요하고 급합니다."

"저는 용돈을 적게 받아요. 그래서 기부금을 내는 것이 부담스럽습니다. 산불 피해를 입은 분들이 필요한 것이 돈뿐일까요? 위로하는 마음을 담은 편지를 써서 보내면 좋겠습니다."

기부금을 반대하는 사람들이 꽤 많았다. 특히 이전에도 여러 번 기부금을 냈던 6학년 언니, 오빠들의 반대 의견이 많았다. 나도 의견을 내야겠다는 생각이 들어 손을 들었다.

"저……. 그러면 기부금을 내고 싶은 사람만 내는 건 어떨까요?"

내 말이 끝나기 무섭게 5학년 지효 언니가 말했다.

"분위기라는 게 있잖아요. 다 같이 내는 분위기면 기부 금액이 늘어나고, 안 내도 괜찮다거나 내고 싶은 사람만 내자고 하면 기부 금액이 적을 거예요. 저는 다 같이 내거나 다 같이 안 내면 좋겠습니다."
"꼭 그렇게 극단적으로 결정해야 할까요? 아예 기부를

안 하는 것보다는 적은 금액이라도 하는 게 좋다고 생각해요. 그리고 저는 우리 학교 친구들의 선한 마음을 믿습니다. 원하는 사람만 한다고 해서 금액이 너무 적지는 않을 거예요."

급식 순서 정하기 때처럼 찬성과 반대 의견이 팽팽했다. 지난번 경험을 통해 나는 양쪽으로 갈린 의견을 모으기 위해서는 새로운 의견이 필요하다는 것을 배웠다. 기부금 보내기를 반대하는 사람들은 대부분 본인의 용돈을 쓰는 것이 아깝다는 의견이다. 이 부분을 조금만 고민하면 답이 나올 것 같은데…….

좋은 방법이 없을까 두리번거리다 문득 칠판에 적힌 '산불 피해 지역에 기부금을 보내자'라는 글귀가 눈에 들어 왔다. 아, '기부금을 보내자'가 아니라 '기부금을 만들자'라고 말해보면 어떨까? 내가 갖고 있는 돈을 모아서 보내는 것이 아니라 우리가 다 같이 기부금을 만들 수 있는 방법이 있다면 용돈이 부족하다는 친구들을 설득할 수 있을지도 모르겠다.

그때 주말에 플리마켓 행사에 다녀왔던 것이 생각났다.

물건을 사면 그 금액의 일부를 기부한다는 문구가 있어 엄마를 졸라 머리핀을 하나 샀다. 예쁜 머리핀이 생겨서 좋았고, 그 돈이 누군가를 도울 수 있어서 더욱 뿌듯했던 기억이 났다.

나는 아까처럼 번쩍 손을 들었다. 가을이 언니가 나에게 마이크를 주기 위해 달려오고 있다. 내가 잘 말할 수 있을까? 내 의견에 반대하는 사람도 있지 않을까? 심장이 두근거렸다.

"'기부금을 보내자'가 아닌 '기부금을 만들자'로 바꾸는 걸 제안합니다. 지난 주말에 가족들과 플리마켓에 다녀왔는데요, '판매 금액 일부는 도움이 필요한 곳에 기부됩니다'라는 문구가 있어 뿌듯했던 기억이 납니다. 우리도 구름숲초등학교 플리마켓을 열어서 기부금을 모아보면 어떨까요?"

"오, 정말 좋은 생각인데?"

"구하라 천재다!"

여기저기서 감탄사가 쏟아졌다. 지우와 아현이는 나를 바라보며 엄지를 들어 올렸고, 기부금을 반대하던 린이 언니도 나를 바라보며 '나쁘지 않은데?' 하는 표정을 지었다. 주변에서 좋은 생각이라고, 좋은 말이라고 계속해서 칭찬했다. 엄청나게 빨리 뛰던 심장이 이제야 잠잠해졌다.

"그럼 산불 피해 지역에 기부금을 '보내자'는 안건은 기부금을 '만들어 보내자'로 결정하겠습니다. 하라가 말한 것처럼 플리마켓을 열고 수익금을 기부하는 것으로 하죠. 플리마켓을 여는 시간은 아무래도 수업 시간을 활용해야 할 것 같으니 선생님들께서 시간표를 맞춰주시면 감사하겠습니다. 이것으로 오늘 다모임을 마치겠습니다. 모두 고생하셨습니다."

눈 깜짝할 사이에 다모임이 끝났다. 플리마켓을 열어 기부금을 만들어 보내자는 의견을 낸 뒤 시간이 어떻게 흘러갔는지 모르겠다. 뛰는 심장을 진정시키는 동안 투표가 열렸고, 순식간에 끝나 버렸다.

"야, 하라야. 너 오늘 진짜 멋졌어."

"이름이 '구하라'여서 그런가? 네가 산불 피해 이재민들을 구했다!"

다모임에서 내 생각을 말하고, 그 의견이 선택된 것만으로도 가슴이 벅찬데 다른 지역의 사람들에게 도움도 줄 수 있다니! 의견을 내길 정말 잘했다는 생각이 들었다.

친구들 말처럼 오늘 다모임에서 나는 좀 멋졌던 것 같다. 집에 가서 꼭 자랑해야지. 학교 밖에서 일어난 일을 학교 안에서 이야기했고, 학교 안에서 나눈 이야기가 학교 밖 일에 도움이 될 거라고. 우리가 학교 안팎을 넘나들면서 꽤 괜찮은 일을 해냈다고!

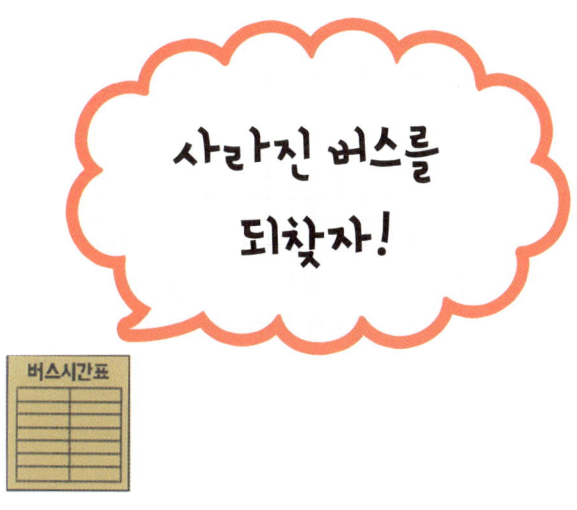

# 사라진 버스를 되찾자!

"선생님, 저는 이제 집에 어떻게 가요?"

6교시를 마치고 버스를 타러 간다던 지한이가 다시 교실로 돌아왔다. 무슨 일일까? 교실에 남아 책을 읽고 있던 나는 귀를 쫑긋 세우고 지한이와 선생님의 대화에 집중했다.

"이제 3시 버스는 운행하지 않는대요. 버스 정류장에 안내문이 붙어 있었어요."

선생님은 그럴 리 없다고, 같이 버스 정류장에 나가 확인해 보자고 하셨다. 얼마 지나지 않아 선생님과 지한이는 정류장에서 버스를 기다리던 또 다른 아이들과 함께 돌아왔다.

다들 황당한 표정이었다. 하루아침에 버스가 사라질 줄이야.

선생님은 심각한 표정으로 부모님들께 전화해 이 소식을 알렸고, 급하게 아이들을 데리러 오시기로 했다. 아이들은 부모님이 오실 때까지 축구를 하겠다며 운동장으로 달려갔다. 교실에는 선생님과 나, 지우, 아현이가 남았다.

"시청에 전화라도 해봐야 하나? 오늘은 회의가 있어서 전화할 시간이 없는데……."

선생님이 슬쩍 우리를 쳐다보며 난처한 표정을 지으셨다. 지우가 자리에서 벌떡 일어났다.

"선생님! 우리가 시청에 전화를 해 볼까요?"
"그럴래? 잘 부탁한다, 지우야!"

지우가 또 일을 만들었다. 나는 그런 지우를 말리고 싶은 마음이 컸지만 아현이는 은근히 전화를 하고 싶어 하는 눈치였다. 선생님은 웃으며 지우에게 부탁한다고 짧게 말한 뒤 회의를 하러 서둘러 나가셨다.

"혹시 시청 전화번호 아는 사람?"
"스마트폰으로 '시청' 검색하면 나오지 않을까?"
"나는 통화는 못하겠어. 검색은 내가 할게. 대신 너희들이 전화하는 거다?"
"그래! 하라가 검색해 주면 우리가 말할게."

"근데 전화해서 뭐라고 하지? 미리 대본을 만들어 볼까?"

"좋아. 하라가 번호를 찾고 아현이가 대본을 만들면 전화는 내가 할게!"

지우가 자신 있게 나서기에 방법을 다 아는 줄 알았다. 그런데 그건 아닌가보다. 우리는 머리를 맞대고 하나씩 방법을 찾았다. '호흡이 잘 맞는다'는 어른들 표현이 이럴 때 쓰는 걸까? 우리는 어느 순간부터 호흡이 꽤나 잘 맞는다.

지우는 하나도 안 떨린다더니 막상 전화 번호를 누르려고 하자 긴장된다며 방방 뛰었다. 하지만 통화가 시작되자 차분하게 준비한 대본을 읽었다.

"안녕하세요? 저는 구름숲초등학교 4학년 신지우라고 해요. 저희 학교 앞에 있는 버스 정류장에 붙은 안내문을 보고 전화를 드렸는데요, 오늘부터 3시 버스가 사라진 게 맞나요? 우리 반 친구 중 한 명이 집에 가려면 꼭 그 버스를 타야 하거든요."

시청에서는 버스 정류장을 이용하는 사람이 없는 줄 알고 운행 수를 줄였다고 했다. 한 달 전부터 안내문을 버스 정류장에 붙여 놓았는데 학생들이 미처 확인을 못 한 것 같다는 답변을 받았다.

선생님께서 회의에서 돌아오시자 우리는 시청에 어떻게 전화를 걸었고, 시청에서 무슨 말을 들었고, 우리 호흡이 얼마나 잘 맞았는지 자랑했다. 선생님은 우리가 기특하다고 칭찬하시더니 진지한 표정으로 말씀하셨다.

"학교 앞에 있는 버스 정류장인데 학생들에게 묻지도 않고 운행 횟수를 줄이다니, 시청의 결정이 아쉬운걸? 3시에 버스를 타지 못하면 집에 못 가는 친구들이 셋이나 있는데 말이야. 일하시는 부모님이 매일 데리러 오실 수도 없고. 이 일을 어떻게 해결하면 좋을까?"

문득 내년에는 혼자 버스를 타고 집에 오라던 아빠의 말씀이 떠올랐다. 버스 운행 시간이 줄어든다면 나도 지한이처럼 곤란한 상황이 될 것이다. 버스가 다시 생기면 좋을 텐데, 무슨 방법이 없을까?

"그……. 민 뭐라고 하더라?"
"민원! 저번에 우리 아빠가 집 앞이 어두워서 위험하다고 시청에 민원을 신청했는데 얼마 지나지 않아 금방 가로등이 설치됐어요. 우리도 민원을 넣어 보면 어때요, 선생님?"

지우의 말에 아현이가 답했다. 그러고 보니, 사회 시간에 시민들이 원하는 바를 시청이나 행정기관에 요청하려면 '민원'이라는 제도를 이용하면 된다고 설명해 주신 기억이 났다.

"이건 지한이 한 명의 문제가 아니에요. 우리 학교에 3시 버스를 타는 친구들이 많으니까요. 다음 다모임에서 이 이야기를 나눠봐야겠어요."
"그럼 내가 다모임 게시판에 안건으로 써 볼게. 사라진 버스 정류장을 되찾자고 말이야."
"나는 3시에 버스 타는 사람이 몇 명인지 조사할게."

신이 나서 말이 술술 나왔다. 선생님은 그런 우리를 보고 '정말 환상의 짝꿍들이네!'라며 큰 소리로 웃으셨다.

6학년에게 미리 가서 왜 이 안건을 썼는지도 이야기 해야지. 버스를 못 타서 당황한 지한이 그리고 이제그반 친구들 모두에게도 내용을 알리고 같이 버스를 되찾아오자고 말해야겠다.

그나저나 내가 언제부터 이렇게 의견 내는 게 자연스러워진거지? 지우와 아현이의 영향인가? 아니, 다모임 때문인 것 같다.

★ ★ ★

다모임은 금방 지나갔다. 버스가 사라져서 당황한 학생들은 생각보다 많았다. 구름숲초등학교 학생들의 의견도 물어봤어야 하는 일이라며 꼭 버스를 되찾아야 한다고 다들 목소리를 높여 말했다. 이 안건을 내줘서 고맙다며 박수를 보내주니 부끄러웠지만 무척 뿌듯했다. 4학년 이제그반이 시청에 민원을 신청하기로 하고 다모임은 마무리되었다.

우리는 다모임이 끝나자마자 교실에 모여 다 함께 글쓰기를 했다. 선생님은 우리가 하는 말을 컴퓨터로 입력해 주셨다. 우리는 모니터에 뜨는 글을 보며 의견을 더하고, 수정했다.

민원을 내는 것도 처음이고, 아홉 명이 함께 쓰는 글쓰기도 처음이라 낯설고 어려웠다. 하지만 다 같이 힘을 모으니 마음은 든든했다.

5, 6교시를 꼬박 할애해 민원 신청서를 작성했다. 우리들의 마음, 우리가 경험한 일을 그 안에 가득 담았다.

---

**민원 신청서**

안녕하세요, 우리는 구름숲초등학교 4학년

이제그반 학생들입니다.

최근 학교 앞에 서는 버스 시간이 조정되었습니다.

2시 50분에 수업을 마치고 3시쯤 버스를 타면

매번 같은 기사님이 우리를 맞아주셨는데

그 버스가 사라진 것입니다.

갑자기 버스가 사라져 어떤 친구는 학원에 늦었습니다.

빨리 집에 가고 싶어도 갈 수가 없어 짜증이 났습니다.

만약 버스가 3시에 운행되지 않는다면,

우리는 버스를 탈 수 있는 먼 정류장까지 걸어가야 합니다.

그 길은 꽤 위험합니다.

인도가 없고, 공사 차량도 많이 다니고

말벌과 뱀처럼 위험한 곤충과 동물도 많거든요.

매일 버스를 타는 학생들의 의견을 묻지 않고

운행 시간을 조정한 시청에 화가 납니다.

우리도 엄연히 돈을 내고 버스를 이용하는 시민입니다!

학생들 하교 시간에 맞춰 버스를 다시 운행해 주세요.

우리에게 아무런 말도 없이 버스를 없애 버리다니,

지금 이 글을 쓰는 중에도 화가 납니다!

추신. 학생들을 생각해 버스가 다시 생긴다면
이번에는 학교에 제대로 공지해 주세요.

 

우리는 선생님이 교실에 들어오실 때마다 답변이 왔냐고 물었다. 사라진 버스를 되찾는다면 얼마나 기쁠까? 우리 학교 아이들뿐만 아니라 3시 버스를 이용하던 모든 시민들에게 좋은 일이니까, 정말 기분이 좋을 것 같다.

불편한 세상을 바꾸고 있다는 생각에 가슴이 벅찼다. 그런 건 어른들이나 할 수 있을 거라고 생각했기에 기대가 더 컸다.

"모두들 기다렸지? 얘들아 드디어……."

민원을 신청한 지 나흘 되었을 때다. 선생님의 말씀이 채 끝나기도 전에 우리는 알 수 있었다. 드디어 민원 신청 답변이 왔음을.

우리는 입으로 '두구두구' 소리를 내며 책상을 두드렸다. 선생님은 시청에서 보내온 답변서를 찬찬히 읽어 주셨다.

> ## 민원 답변서
>
> 1. 귀 기관의 무궁한 발전을 기원합니다.
>
> 2. 귀하께서 국민신문고로 접수하신 버스 이용 불편 민원에 대해 검토한 결과를 알려드립니다. 우선 대중교통을 이용하는 데 불편함을 느끼신 것에 대하여 죄송하다는 말씀을 드립니다.
>
> 3. 현재 출퇴근 및 등하교 관련 민원이 많아, 조정되었던 버스 운행 시간대를 일부 복원하는 방안을 검토 중입니다. 구름숲초등학교 앞을 지나는 3시 차량도 복원 예정이며, 개선 일시가 결정되면 학교에 연락 드리겠습니다.
>
> 4. 만족스러운 답이 되었기를 바라며, 추가 답변이 필요하신 경우 시청 교통과 대중교통부서로 전화주시면 감사하겠습니다.

"선생님, 그러니까 3시 버스를 다시 운행하겠다는 거죠?"
"그래, 맞아. 다 너희가 넣은 민원 덕분이야! 이제 그만 대단한데? 사라졌던 버스도 되돌려 놓고 말이야."

지한이가 모니터 앞으로 달려가 믿을 수 없다고 반복해

서 말하며 답변서를 다시 읽었다. 지한이는 이제 멀리 걸어가서 버스를 안 타도 된다며 좋아했다. 그러더니 다모임에 이 안건을 낸 우리에게 다가와 소곤소곤 조용한 목소리로 말했다.

"너희가 나를 구했다. 정말 고마워. 내가 내일 맛있는 것 싸올게. 같이 나눠 먹자!"

먹을 걸 좋아하는 지한이다운 말이었다. 지한이가 먹을 걸 나눠 준다니 정말 고마운가보다. 그런 지한이가 웃겨서, 우리가 정말 지한이를 구한 것 같아서 아현이와 나는 서로를 번갈아 보며 웃었다.

## 찬성이 있으면 반대도 있는 법

　사라졌던 버스가 돌아왔다. 우리 반은 버스가 돌아온 기념으로 학교 앞 버스 정류장에서 버스를 타고 체험학습을 가기로 했다. 버스를 타고 가는 체험학습이라니, 생각만 해도 마음이 들떴다.

　지난주부터 학교 앞 버스 정류장에서 체험학습 장소까지 가는 길을 인터넷으로 조사했다. 버스가 언제, 어느 정류장에 도착하고 어떤 길을 따라 이동하는지 한 눈에 볼 수 있었다.

　엄마는 내가 이번 기회에 버스 타는 연습을 해볼 수 있겠다며 좋아하셨다. 이사 온 지도 꽤 됐으니 주말에 버스를 타고 지역 곳곳을 함께 다녀봐도 좋을 것 같다고 말씀하셨다. 이제 버스를 어떻게 타는지 알았으니 할 수 있을 것 같다. 내 안에는 새로운 것에 도전하는 용기가 차곡차곡 쌓이고 있었다.

★ ★ ★

드디어 우리가 되찾은 버스를 타고 체험학습을 가는 날이다. 교문에서 버스 정류장까지 친구들과 누가 먼저 도착하나 뛰기 시합을 했다. 체험학습을 갈 생각에 신난 나는 콧노래가 절로 나왔다.

버스를 타니 기사님이 다 같이 어디를 가냐고 물어보셨다. 승우가 '삑-!' 하고 교통 카드를 찍으며 시내로 체험학습을 간다고 대답했다. 어쩐지 다들 신나 보인다고, 안전히 잘 다녀오라고 다정히 말씀해 주신다.

정거장을 지날수록 학교가 점점 아득해진다. 들뜬 마음으로 창밖의 풍경을 유심히 보는데 어제까진 없었던 현수막들이 길을 따라 길게, 여러 개 걸려 있었다.

'미세먼지와 소음 때문에 못 살겠다!'
'아이들이 공부하는 곳에 공해 시설이 웬 말이냐!'
'주변 농경지를 망치는 골재 파쇄 선별 공장 건설을 반대한다!'

학교 근처에 공장이 새로 생기는 모양이다. 골재 파쇄 선별 공장이 뭘까? 단어가 너무 어려워 선생님께 여쭤보니 '골재'는 콘크리트를 만들 때 사용하는 모래, 자갈, 암석 등의 재료이고, '파쇄 선별 공장'은 이것을 부숴서 보관하거나 처리하는 공장이라고 알려주셨다.

돌을 부수는 곳이니 시끄럽고 먼지도 날리겠구나. 현수막을 붙인 사람들이 공장이 들어서는 것을 반대하는 이유를 알 것 같았다. 문득 이 일을 찬성하는 사람은 없을까 궁금해졌다. 필요하니까 공장을 짓는 게 아닐까?

"하라야, 무슨 생각을 그렇게 골똘히 하니? 체험학습? 아니면 공장이 생기는 일?"

"선생님, 골재 파쇄 선별 공장에 대해 알아보고 학교 근처에 생기는 것에 찬성해야 할까, 반대해야 할까 같이 고민해야 한다고 생각해요. 버스 정류장이 사라졌을 때처럼

우리 학교 근처에 공장이 들어온다니까 당연히 우리도 알아야 하지 않을까요? 그리고 저는 이 현수막을 보고 공장이 들어온다는 걸 처음 알게 되었는데 다른 친구들한테도 알려야 할 것 같아요."

선생님은 갑자기 자리에서 일어나시더니 산불 피해 주민들을 구하고 버스도 구한 구하라가 또 문제를 해결하기 위해 나선다고 모두에게 말씀하셨다. 우리밖에 없긴 했지만 버스에서 큰소리로 이야기하시다니, 오랜만에 내 얼굴이 빨개졌다.

　선생님이 오른손을 들어올리며 나에게 하이파이브를 해달라고 눈짓했다. 나는 얼른 손뼉을 마주치고 다시 고개를 푹 숙였다. 내 의견을 말하는 것에는 점점 익숙해지고 있지만 아직도 이런 분위기는 적응되지 않는다.

　우리는 체험학습을 마치고 학교에 돌아가면 골재 파쇄 선별 공장에 대해 함께 공부하기로 했다.

＊＊＊

　현장학습을 다녀오자마자 나는 다모임 게시판에 '골재 파쇄 선별 공장 건설을 아시나요?'라고 썼다. 글을 쓰는 중에도 벌써 5학년, 6학년 언니, 오빠들이 다가와 호기심을 보였다.

"어? 이 말 어디서 들어본 것 같은데?"
"버스 타고 집에 가다가 봤어. 현수막에 적혀 있던걸?"

　관심이 좋기도 하지만 한편으로는 부담스럽기도 했다.

제안을 했으니 다음 다모임에서는 내가 안건을 설명해야 한다. 골재 파쇄 선별 공장에 대해 알아보려면 어떻게 해야 하는지 고민하는 나에게 선생님께서는 그런 게 바로 '책임감'이라고 하셨다. 의견을 제시한 사람이 가져야 할 책임감.

단순히 말만 하는 것에 그치지 않고, 내 의견에 대해 자세히 알리고 설득하는 노력이 필요하다. 그래야 다모임에 참석하는 사람들이 더 의미있는 결정을 내릴 수 있을 테니까.

우리는 오후 수업 시간에 골재 파쇄 선별 공장에 대해 조사하기로 했다. 함께 인터넷 지도를 보며 공장이 세워지는 정확한 위치를 찾고, 학교 근처에 공장이 세워져도 괜찮은지, 공장이 세워지면 어떤 점이 좋고, 어떤 점이 나쁜지 인터넷에 검색해 보았다. 그리고 환경에 대한 책도 찾아보았다.

\*\*\*

"4학년이 정말 열심히 준비했네요. 덕분에 골재 파쇄

선별 공장에 대해 잘 알 수 있었습니다. 다른 학년도 안건을 낼 때 이렇게 공부를 해 오면 좋겠어요."

골재 파쇄 선별 공장 건설에 대해 설명하자 우리 학교 학생들 대부분이 반대했다. 6학년은 곧 학교를 졸업하지만 남은 동생들이 미세먼지 걱정 없이 지금처럼 운동장에서 뛰어놀면 좋겠다는 의견을 말했다. 맑은 공기와 푸른 자연 환경은 우리 학교의 자랑이므로 공장 건설을 막아야 한다고 모두가 입을 모아 말했다.

"우리의 생각을 모두가 볼 수 있게 현수막에 써서 걸면 어때요?"

6학년 려환이 오빠의 말에 다들 둑방길에 붙은 현수막을 참고해서 우리도 현수막을 만들면 좋겠다며 찬성했다. 현수막은 둑방길 대신 교문 위에 걸기로 했다. 구름숲초등학교 학생들의 의견임을 확실히 알리기 위해서다.

*공장은 안 돼, 학교를 지켜주세요!*

현수막 문구는 치열한 투표 끝에 간결하고 강렬한 것으로 결정했다. 다모임을 지켜보시던 선생님은 내일까지 하얀 천을 구해올 테니 6학년이 문구를 쓰고, 다른 학년들이 현수막을 예쁘게 꾸미면 좋겠다고 의견을 보태주셨다.

"난 버스에서 핸드폰으로 게임하고 셀카 찍느라 현수막이 걸려 있는지도 몰랐는데, 하라는 그걸 언제 또 본거야?"
"하라는 관찰력 왕이야."
"맞아! 하라가 처음 전학 왔을 때 기억나? 입은 꾹 닫고 눈으로 우리를 관찰하기만 했잖아. 그런데 이제 하라는 관찰도 잘하고 말도 잘해!"

"맞아. 요즘은 다모임에서도 의견을 많이 내잖아. 학교 안뿐만 아니라 학교 밖의 일에도 관심을 가지고 말이야!"

이렇게 대놓고 칭찬을 하다니. 쑥스러워서 쥐구멍에라도 숨고 싶은 심정이다. 지우와 아현이는 마치 자기들이 칭찬을 받은 듯 신난 표정으로 내 팔을 흔들었다.

"구하라, 이게 다 누구 덕분이겠어?"
"우리 덕분이지!"

"어? 하라야, 너 TV에 나온다!"

오후에 골재 파쇄 선별 공장 사업 설명회에 다녀왔더니 무척 피곤했다. 평소보다 일찍 침대에 누워 막 잠들려고 하는데 거실에서 아빠가 큰 소리로 나를 불렀다.

내가 너무 피곤한가, 헛소리가 들리는 걸 보니……. 나는 다시 잠에 빠져들고 있었다. 그때 아빠가 문을 열고 들어와 나를 번쩍 들었다.

TV에는 정말로 나와 우리 반 친구들이 나오고 있었다. 낮에 다녀온 면사무소 모습, 그곳에서 만난 어른들까지 모두 뉴스에 등장했다.

… 설명회에 참석한 상당수 주민들은 골재 파쇄 선별 공장 조성에 반대했습니다. 학교가 세 곳이나 모여 있고, 70여 가구가 거주하는 곳에 미세먼지나 분진이 많이 발생하는 시설을 지으면 안 된다는 것이 이유입니다.

"오늘은 학교에서 또 무슨 일이 있었던 거야?"

아빠가 궁금하다며 얼른 말해보라고 나를 재촉했다. 그 덕에 잠이 다 달아났다. 어느새 엄마도 아빠 곁에 와서 앉아 계셨다. 나는 몸이 피곤했지만 엄마, 아빠의 성화에 현수막을 발견하던 날부터 오늘까지 있었던 일을 전부 말씀드렸다.

★★★

공장 건설 반대 현수막을 걸고 얼마 지나지 않아서다. 선생님은 면사무소에서 설명회가 열린다며 체험학습을 가면 어떻겠냐고 물으셨다.

우리가 공부한 골재 파쇄 선별 공장 이야기를 직접 듣는 기회를 놓칠 수는 없었다. 우리는 당장 가자고, 100% 동의한다고 외쳤다. 그렇게 우리는 버스를 타고 면사무소로 향했다.

공해 유발 업체는 물러가라!
골재 파쇄 선별 공장 결사 반대!

면사무소에 도착하니 공장 건설을 반대하는 현수막이 더 많이 걸려 있었다. 정면에는 커다란 모니터가 있었는데 그 위에도 '사업 설명회 반대'라고 적힌 현수막이 붙어 있었다. 저 화면에 자료를 띄우고 설명회를 진행할 것 같은데 현수막이 붙어 있어서 어쩌나 하는 생각이 들었다.

우리 교실처럼 디귿 모양으로 놓인 책상과 의자에는 동네 어른들이 앉아 계셨다. 학교 앞에서 딸기와 포도 농사를 짓는 김규호 아저씨도 계셨고, 우리의 뜻에 동의한 부모님들도 몇 분 와 계셨다.

우리가 김규호 아저씨를 알아보고 인사를 하자 아저씨

는 여기까지 어쩐 일이냐고 물으셨다.

"사회 공부 하러 왔어요. 체험학습이에요!"
"허허, 그래 잘 왔다. 이게 진짜 사회 공부지."

2시가 되자 검은색 양복을 입은 아저씨 두 명이 앞으로 나왔다. 공장을 건설하는 회사에서 온 사람들이라고 자신을 소개했다. 아저씨들은 설명회를 진행해야 하니 TV 앞에 붙어 있는 현수막을 잠시 치우겠다고 말했다.
그때, 몇 사람이 자리에서 벌떡 일어났다. 공장을 건설할 수 없다고, 공장을 건설하면 오랫동안 이곳에서 농사를 지은 사람들은 어떻게 먹고사냐며 큰소리를 치셨다. 다른 할아버지들도 자리에서 일어나 말씀하셨다. 얼마나 힘주어 말씀하시는지 목에 핏줄이 다 보일 지경이었다. '목에 핏대를 세우다'라는 표현이 꼭 맞는 장면이었다.
상황이 진정되지 않자 정장을 입은 또 다른 아저씨가 앞으로 나왔다.

"어르신들, 안녕하십니까. 저는 시의원 서보인입니다.

감정을 가라앉히시고요, 오늘은 사업에 대해 설명을 듣는 자리인 만큼 일단 무슨 얘기를 하는지 들어 보시죠."

그렇지만 어른들은 화난 마음이 가라앉지 않는지 공장 건설은 절대 안 된다고, 설명회를 들어볼 필요도 없다고 소리치시고는 다 같이 면사무소를 나가셨다.

그렇게 설명회는 끝났다. 설명회는 우리의 예상과 전혀 달랐다. 나는 다모임처럼 모인 사람들이 함께 토론을 할 거라고 생각했다. 이렇게 큰소리가 오가고, 자기 감정만 표현하는 자리가 될 거라고는 생각하지 못했다.

어느새 모두가 떠나버리고 우리만 남았다. 우리는 선생님 주위로 동그랗게 모였다.

"다들 오늘 설명회 어땠니?"

선생님의 물음에 도훈이는 찬성하는 입장의 목소리도 궁금했는데 듣지 못해 아쉽다고 말했다. 상현이와 현태도 같은 생각이라고 말했다. 지우는 농사를 짓는 사람들의 불편한 마음이 느껴졌다고 말했다. 아현이는 지우 말에 동의하지만, 아무리 그래도 다른 사람들이 말할 기회를 빼앗는 건 보기 좋지 않았다고 말했다. 나는 설명회가 이렇게 끝나 어떤 결정이 날지 궁금하다고 말했다.

선생님께서 우리의 이야기를 빠짐없이 듣고 있다가 질문하셨다.

"혹시 '광장'이란 말을 아니?"

광장이라는 단어를 알긴 알지만 선생님은 다른 뜻을 물으시는 것 같았다. 우리는 알 수 없다는 표정으로 서로를 바라보았다.

"광장은 많은 사람들이 모일 수 있게 만들어 놓은 공간을 말해. 그곳에서는 누구나 자유롭게 자신의 생각을 표현할 수 있지. 민주주의 사회에서 광장은 굉장히 중요해."

선생님은 우리가 학교에서 함께 이야기 나누는 다모임도 하나의 광장이고, 오늘 같은 설명회도 광장이라고 말씀하셨다. 그러면서 겉모습이 제각각 다른 것처럼 생각도 다 다르다고, 그런 사람들이 모여서 평화롭게 이야기를 나누는 곳이 바로 광장이라고 알려주셨다.

"나와 생각이 다르다고 해서 거부하고 소외시키는 것은 바르지 않아. 특히 생각이 다르다고 폭력을 행사하는 일은 절대 일어나서는 안 된단다. 폭력은 신체적인 것뿐만 아니라 언어도 해당된다는 걸 학교에서 배웠으니 무슨 말인지 알겠지? 너희가 오늘 설명회를 보며 마음이 불편했다면 아마 그런 이유일 거야."

선생님의 말씀이 이해됐다. 오늘 본 우리 동네 어른들은 좀 무서웠다. 평소에는 싱글벙글 잘 웃는 멋진 분들이었는데, 소리치고 싸우는 모습은 낯설기만 했다.

"선생님, 공장이 생길까요?"
"너희 생각은 어떠니?"
"오늘 분위기를 보니까 반대가 너무 심해서 못 지을 것 같아요."
"잘 됐어요. 다모임에서 나온 의견도 대부분 반대였잖

아요."

"그래, 선생님도 공장 건설은 아무래도 어려울 것 같네. 하지만 원하는 결과를 얻었다고 만족해서는 안 돼. 결과만큼 중요한 게 과정이니까."

한쪽에서 슬픈 표정을 짓고 있던 지우가 작은 목소리로 말했다.

"선생님, 저는 오늘 진짜 실망했어요. 수업 시간에 배운 대화와 토론은 이런 게 아니잖아요. 어른들의 모임이 우리 다모임보다도 못한 것 같아요."
"지우 말이 맞아. 오늘 같은 모습은 성숙한 시민의 자세가 아니지."

\* \* \*

내 이야기를 들은 엄마, 아빠는 놀란 표정을 지으셨다. 우리 하라가 언제 이렇게 자란 건지 모르겠다며 나의 머리를 쓰다듬어 주셨다. 아빠는 눈물을 글썽거리기까지 했다.

엄마는 선생님이 말해주신 광장 이야기가 기억에 남는다며 우리 집도 하나의 광장이 될 수 있을 것 같다고 말씀하셨다. 그리곤 한 달에 한 번 가족 다모임을 해보면 어떻겠냐고 나와 아빠에게 물으셨다. 아빠는 기다렸다는 듯 답하셨다.

"찬성! 당장 이번 달부터 해요."
"엄마, 아빠! 다모임의 스타 구하라의 활약을 기대하시라고요."

다모임은 내가 선배니까 어떻게 하는 건지 잘 알려주겠다고 큰소리를 뻥뻥 쳤다. 엄마와 아빠는 크게 웃으며 다모임 선배님의 가르침을 잘 따르겠다고 약속하셨다.

# 6장
## 광장과 다모임 그리고 민주주의

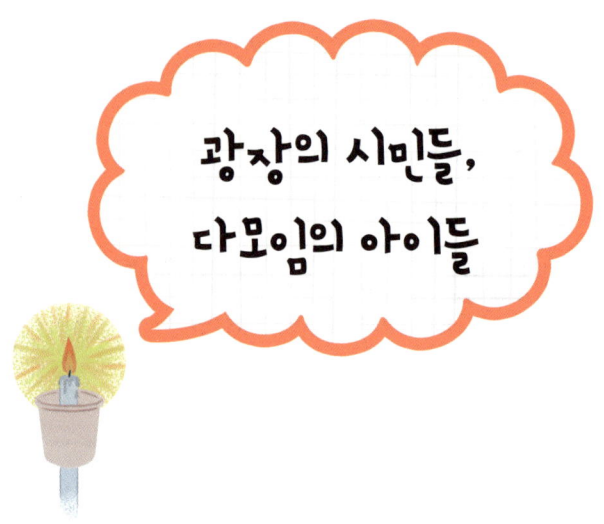

## 광장의 시민들, 다모임의 아이들

 일주일 정도 지났을까? 나는 용기를 내어 엄마께 버스를 타고 학교에 가겠다고 말씀드렸다. 집으로 돌아올 때도 혼자 버스를 타보겠다고 했다.

"정말? 혼자 잘할 수 있겠어?"
"에이, 엄마. 우리 반 애들도 다 혼자 버스 타고 학교 온다고요."

 엄마는 놀라신 것 같았다. 나에게 버스를 타고 학교를 다니면 좋겠다고 이야기했었지만 내가 먼저 버스를 타겠다고 말할 줄은 몰랐다고 하셨다.

　용기를 내니 생각지도 못한 일이 뒤따랐다. 새 스마트폰이 생긴 것이다. 엄마는 앞으로 버스 시간을 확인해야 하고 무슨 일이 생기면 바로바로 연락해야 한다며 핸드폰을 바꿔주셨다. 이전에 사용하던 건 아빠가 쓰던 구식 모델이라 느리고 답답했는데, 뜻밖의 행운이었다.

　오늘은 평소보다 학교 가는 버스가 늦는 것 같다. 새로 생긴 스마트폰으로 버스가 오는 시간을 확인하고 있는데 갑자기 뉴스 속보가 떴다.

(뉴스 속보) 대통령 파면 선고

　메시지를 눌러 보니 계엄령을 선포했던 대통령은 더 이상 대한민국의 대통령이 아니라고 한다. 기사에는 서울 광화문 광장에서 환호하는 사람들과 슬퍼하는 사람들의 사진이 있었다. 얼마 전 골재 선별 파쇄 공장 설명회에 갔을 때 김선생님이 말씀해 주셨던 '광장'이 떠올랐다. 서

로 다른 생각을 가진 사람들이 함께 살아가는 곳이 우리 사회이자 민주주의의 모습이라는 말이 꼭 맞았다.

생각해 보니 꽤 오랜 시간이 흘렀다. 대통령이 계엄을 선포했을 때 나는 구름숲초등학교로 막 전학을 왔다. 처음 만났던 김선생님은 김선생님법을 만들어 나와 친구들을 당황하게 했고, 다모임에 우리를 못 가게 했었다. 그때는 다모임이 뭔지도 몰랐었는데, 이제는 언제, 어디서든 다모임에 낼 안건을 고민하고 있으니, 참 신기한 일이다.

잠시 추억에 잠겨 있을 때 버스가 왔다. 교통카드를 찍고 버스에 올라 의자에 앉았다. 저 멀리 구름숲초등학교 표지판이 보였다. 학교를 떠올리니 고맙다는 생각이 먼저 들었다. 숲이 학교를 품고 있는 것처럼 나도 학교의 품 안에서 쑥쑥 자라고 있다. 이제 5학년이 되면 더 많은 일을 할 수 있겠지?

학교에 들어서자 복도에서부터 이제그반 친구들의 목소리가 들렸다. 뉴스를 봤냐고, 대통령이 탄핵되었다고, 이제 새로운 대통령을 뽑아야 한다고 아이들이 떠들었다.

"하라야, 너도 뉴스 봤어?"

"당연히 봤지!"

도훈이는 이런 결과가 나올 줄 알았다고 했다. 우리를 억울하고 화나게 했던 김선생님법을 만든 김선생님의 작전이 오래 가지 못했던 것처럼 자기 마음대로 계엄령을 발표한 대통령이 탄핵되는 건 당연하단다.

아현이는 탄핵 결과가 발표되면 탄핵에 찬성하는 사람들과 반대하는 사람들이 서로 싸울까봐 걱정했다고 한다. 생각이 다른 사람에게 폭력으로 맞서면 안 된다고 했던 선생님 말씀을 어른들에게도 알려줘야 한다고 말했다. 친구들과 한참 이야기를 나누고 있는데 선생님이 들어오셨다.

"다들 대통령 탄핵 이야기를 하고 있었구나?"

선생님 말씀에 우리는 할 말이 많다며 엉덩이를 들썩였다. 선생님은 잠시 흥분을 가라앉히고 이야기를 들어보라고 말씀하셨다.

"다들 하고 싶은 말이 많을 테지만 잠시만 참아줘. 선생님이 너희와 함께 읽고 싶은 그림책을 가져왔거든. 바닥에 모여 앉아 같이 읽자."

오랜만에 선생님과 그림책을 읽는다. 나는 이 시간이 참 좋다. 혼자 읽을 때보다 그 다음 장에 어떤 내용이 나올지 친구들과 이야기하며 보는 게 더 재미있기 때문이다. 우리가 모두 앉자 선생님이 그림책을 펼치셨다.

책에는 광화문 광장을 중심으로 펼쳐지는 대한민국 광

장의 역사가 담겨 있었다. 고종 황제의 대한제국 선포부터 3·1 운동, 4·19 혁명, 6월 민주항쟁, 2002년 월드컵 그리고 세월호 참사와 촛불집회까지 광장에서 일어난 일을 한눈에 볼 수 있었다.

"우리나라 역사에서 광장은 무척 중요한 역할을 했어. 옛날부터 지금까지 나라가 위기에 처하거나 큰 사건이 일어나면 시민들은 광장에 모여 기쁨과 슬픔을 나눴지."

그림책을 모두 읽고 이번에는 컴퓨터로 여러 장의 사진을 봤다.

"어? 선생님! 저 그 사진 알아요."
"저도요. 뉴스에서 봤어요!"
"얘들아, 나 안 보여? 저기 어디 있을 텐데!"

아이들은 모두 본 적 있는 사진이라고 소리쳤다. 지한이는 실제로 사진 속 장소에 갔었다고 말했다. 선생님은 핑크색, 파랑색, 형광색처럼 다양한 빛깔을 띤 응원봉을 든 사람들의 모습, 태극기와 성조기를 들고 있는 사람들의 모습, 은색 담요를 덮은 채 눈을 맞으며 거리에 앉아 있는 사람들의 모습이 담긴 사진을 천천히 넘기셨다. 그리고 칠판에 두 글자를 쓰셨다.

> 광장

선생님은 방금 읽은 그림책에는 나오지 않은 가장 최근의 광장 모습을 사진으로 살펴봤다고 말씀하셨다.

광장의 역사는 과거부터 지금까지 이어졌고, 앞으로도 계속 이어질 거라는 말을 들으며 갑자기 내가 역사 속 주인공이 된 것 같은 기분이 들었다.

지난번 면사무소에서 선생님께서 다모임도 하나의 광장이라고 말해주신 영향도 크다. 그때부터 광장에 나서는 시민들에게 더 관심이 생겼다. 거리에 나서서 자신의 생각을 말하는 사람들의 모습이 다모임에서 나의 생각을 말하던 순간과 겹쳐 보였다.

선생님께서 나의 생각을 들여다보고 있던 걸까. 갑자기 광장 옆에 '다모임'이라고 쓰셨다. 선생님은 보드마카의 뚜껑을 닫고 여러 번 돌리더니 잠시 후 입을 떼셨다.

"너희가 다모임이라는 광장에서 민주주의를 경험하고 있다는 사실을 기억하면 좋겠어."

그리고 다시 칠판으로 가시더니 '광장' 아래에 '용기와 끈기'라고 적으셨다.

> 광장, 다모임
> 용기와 끈기

"용기와 끈기는 민주주의에서 가장 중요한 단어야. 그

런데 너희는 벌써 이 두 가지를 갖추고 있다는 생각이 드는구나. 선생님은 요즘 다모임을 보면서 이제그반이 참 자랑스러워. 자기 생각을 말할 수 있는 용기, 나와 다른 생각을 가진 사람을 비난하지 않는 성숙한 자세, 의견 차이를 좁히며 문제를 해결하는 끈기를 너희가 다 보여주고 있거든."

선생님의 말씀을 듣고 나니 이제 얼마 남지 않은 다모임이 더 중요하게 느껴졌다.

내년에 5학년이 되어도 다모임은 계속 되겠지만, 몇 번 남지 않은 4학년 이제그반과 함께 하는 다모임에 더 진지하게 참여해야겠다는 다짐을 했다. 내가 처음으로 용기와 끈기를 경험한 시간들이니까.

## 6학년 없는 다모임

6학년이 수학여행을 갔다. 매년 제주도로 수학여행을 갔지만 올해는 서울로 목적지를 바꿨다고 한다.

비행기를 타고 제주도를 가는 게 더 좋지 않냐고 여진이 언니에게 물었더니, 언니는 사회 시간에 배운 국가 기관을 직접 보는 게 더 기대된다고 했다. 마침 대통령의 계엄과 탄핵으로 매일 뉴스에서 국회, 정부, 법원이 나오기에 궁금했다고, 직접 방문해서 공부하고 싶어 다 함께 의논해 목적지를 제주도에서 서울로 바꿨다고 한다.

나는 여진이 언니에게 광화문 광장도 가냐고 물었다. 언니는 당연한 걸 묻는다는 표정으로 나를 바라봤다. 광화문 광장에 가서 이순신장군과 세종대왕 동상도 볼 거라고 말했다. 광화문 광장뿐만 아니라 대통령 탄핵을 선고한 헌법재판소도 간다고 말했다.

"하라 너 그 표정 뭐야? 우리가 부럽구나?"

언니가 웃음을 참지 못하며 말했다. 솔직히 부러웠지만 부럽지 않다는 말이 튀어나왔다. 언니는 뾰로통한 표정을 짓는 나를 보더니 기념품을 사오겠다고 했다.

* * *

6학년이 수학여행을 가자 다모임 진행자가 사라져 버렸다. 선생님들은 우리에게 두 가지 선택지를 주셨다.
하나는 다모임을 일주일 미루어 6학년이 돌아오는 날에 하는 것이다. 원래 계획대로 다모임을 할 수는 없지만 취소되는 것은 아니기에 나쁘지 않다. 그렇지만 다모임을 일주일 미룬 사이 안건이 더 많아지면 어쩌나, 그래서 긴급 다모임이 생겨 중간 놀이 시간에 놀지 못하면 어쩌나

하는 생각이 들었다.

다른 하나는 6학년이 없으니 5학년이 대신 다모임을 진행하는 방법이다. 나는 이 방법이 더 마음에 들었다. 다모임을 제때 진행할 수 있어 좋고, 5학년은 내년에 6학년이 되면 어차피 다모임을 진행해야 하니 이번 기회에 연습하는 것도 나쁘지 않을 것 같았다.

나는 두 번째 방법에 투표했다.

"하라야, 게시판 봤어? 이번 다모임은 5학년이 진행하기로 결정됐대!"

지우가 교실로 달려와 말했다. 그런데 막상 결정이 되고 나니 5학년이 다모임을 잘 진행할 수 있을까 걱정스러운 마음도 생겼다. 이런 걱정을 나만 하는 건 아니었다. 지우와 아현이는 처음 다모임을 진행하는 5학년이 걱정된다며 우리가 5학년을 도울 수 있는 방법을 찾아보자고 했다.

나는 지우와 아현이에게 지금 당장 5학년 교실에 가서 물어보자고 말했다.

∗ ∗ ∗

"지금부터 다모임을 시작하겠습니다. 오늘 다모임은 6학년이 수학여행을 가서 없으므로 5학년이 대신 진행하겠습니다. 잘하지 못하더라도 응원해 주시면 감사하겠습니다."

6학년이 없는, 5학년이 진행하는 다모임이 시작됐다. 의장과 서기는 이전 다모임에서 강한 작가의 책을 사는 건 안 된다며 반대하던 지필이 오빠와 루다 언니다. 두 사람은 어색한지 로봇처럼 삐걱거렸다.

"오늘의 안건은 '운동장 사용 규칙 정하기'입니다. 다모임을 시작하기 전에 제안한 학생에게 이유를 물어봤는데요. 최근 운동장에서 자전거를 타는 학생이 많아져서 고민이라고 합니다. 축구를 하는 사람과 자전거를 타는 사람이 운동장에 섞여서 위험하다고 말했습니다. 이 안건에 대해 할 말이 있는 사람은 손을 들어 주세요."

지필이 오빠가 대본을 적어 왔는지 종이를 보며 빠르게 읽었다. 나라도 갑자기 의장을 맡으면 그럴 것 같다. 얼마나 긴장될까?

"저는 평소 운동장에서 자전거를 즐겨 탑니다. 그런데 축구를 하는 사람들이 너무 많은 공간을 써서 자전거 탈 곳이 없어요. 운동장은 하나 뿐인데, 공평하게 써야죠!"

"동의합니다. 한 번은 자전거를 타고 지나가다가 공에 맞아 넘어졌어요. 무릎이 까져서 피가 엄청 많이 났습니다."

"그렇지만 축구를 하는 입장도 이해해야 합니다. 축구는 우리 학교에서 가장 많은 학생들이 하는 운동입니다. 그러니까 당연히 많은 공간이 필요할 수밖에 없습니다."

"자전거는 다른 곳에서도 탈 수 있잖아요. 축구는 골대가 있어야 해서 운동장에서만 할 수 있다고요."

자전거를 타는 입장과 축구를 하는 입장 모두 양보 없이 팽팽하게 맞섰다. 급식 순서를 정할 때처럼, 기부를 할지 말지 정할 때처럼 학생들이 반으로 나뉘어 치열하게 토론했다.

이럴 때는 새로운 방법을 제안해야 반대를 위한 반대에서 벗어날 수 있다. 무슨 방법이 있을까 고민하던 순간 5학년 승하 오빠가 손을 들었다.

"간단하게 방법을 정하면 어때요? 축구하는 시간과 자전거 타는 시간을 따로 지정하는 거죠. 예를 들면 중간 놀이 시간에는 축구를 하고, 점심놀이 시간에는 자전거를 타는 것처럼요."

승하 오빠의 말에 다모임터가 술렁였다.

"좋은 생각이에요. 그렇게 시간을 정하면 서로 부딪힐 일이 없겠네요."
"저는 요일을 구분해서 하면 더 좋을 것 같아요. 월요일과 수요일은 축구, 화요일과 목요일은 자전거처럼요. 아,

그러면 금요일은 어쩌지?"

"금요일만 중간 놀이와 점심놀이 시간으로 나누면 되죠!"

전체적인 분위기가 규칙을 만드는 쪽으로 흘러갔다. 하지만 나는 이 규칙이 꼭 필요한가에 대한 의문이 들었다. 그날그날 기분에 따라 자전거를 타고 싶은 날이 있을 테고, 축구를 하고 싶은 날이 있을 텐데 시간을 정하거나 요일을 정하면 하고 싶을 때 하지 못하는 어려움이 있을 것 같다.

날씨도 문제다. 만약 월요일에 비가 와서 축구를 못한다면 축구파 친구들은 억울하다고 느끼지 않을까? 괜히 규칙을 만들어 일이 더 복잡해지는 건 아닌가 싶다. 나는 손을 들어 내 생각을 말했다.

"규칙이 꼭 필요할까요? 모두가 만족할 수 있는 다른 방법을 찾아보면 좋겠어요."

반응은 싸늘했다. 내가 너무 복잡하게 생각하고 있는 것 같다고, 규칙을 정하면 그 규칙대로 행동하는 거고, 안 지키면 벌을 주면 된다고. 그러면 다 해결할 수 있다고 말했다.

나는 규칙을 정하고 벌을 주는 것보다 자전거를 타고 싶고 축구를 하고 싶은 사람들의 마음을 생각해서 다른 방법을 고민하자고 한 번 더 의견을 내고 싶었다. 하지만 전체적인 분위기가 이미 규칙을 정하는 쪽으로 흘러가 말을 할 수 없었다.

"규칙을 만드는 게 가장 효율적인 방법이에요."

의장이 나를 흘낏 쳐다보더니 손을 들고 말했다. 의장이 자신의 의견을 말하는 건 처음 봤다. 그래도 되나 생각하고 있는데 투표가 시작되었다. 투표 결과는 역시나 규칙 정하기가 과반수였다. 의장의 의견을 그대로 따르는 동생들도 있는 것처럼 보였다.

나는 기분이 확 상했다. 내가 제안한 의견이 선택되지

않아서가 아니라 의장이 공정하지 못하다는 생각이 들어서였다. 축구와 자전거를 타고 싶어 하는 사람들의 '마음'보다 '규칙과 벌칙'이 더 중요하다는 말에 동의할 수도 없었다.

만약 6학년이 다모임을 진행했다면 어떤 결과가 나왔을까? 지금과는 다른 결과가 나오지 않을까?

문득 6학년 언니, 오빠들이 그리웠다. '반대를 위한 반대'를 하지 말자던 6학년 하음이 오빠의 멋진 발언도 떠올랐다. 여진이 언니가 의장을 맡았다면 나를 노려보지 않고 다정하게 바라봐 주지 않았을까?

처음 다모임을 맡은 5학년에게 힘이 되어주고 싶다는 마음은 어느새 저 멀리 사라져 버렸다.

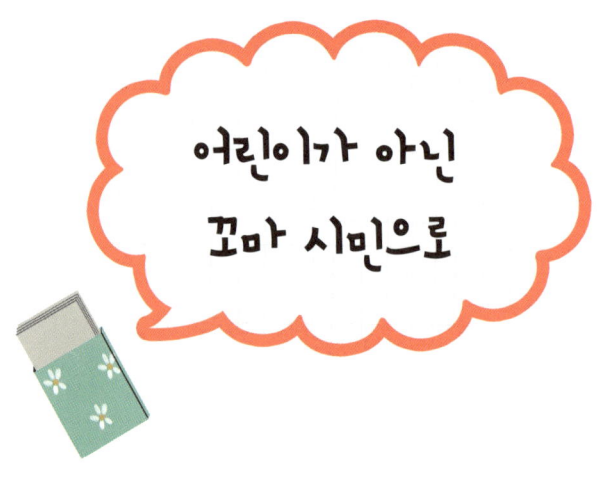

## 어린이가 아닌 꼬마 시민으로

"으으……."

악몽 탓에 늦잠을 잤다. 그래서인지 몸이 더 피곤하다.

꿈 속에서는 지난 다모임 풍경이 그대로 펼쳐졌다. 다른 점이 있다면 지필이 오빠가 의장을 하는 모습에 화가 머리끝까지 난 내가 의장을 해보겠다며 손을 든 것이다.

지필이 오빠는 어디 한 번 해 보라며 마이크를 넘겼다. 나는 자신만만하게 마이크를 받았지만, 막상 마이크를 잡으니 앞이 하얗게 변했다. 목소리도 나오지 않았다.

"하라야, 너 진짜 답답했구나? 악몽까지 꾸다니!"
"그런데 어제 하라는 정말 열 받은 표정이더라고."

지우와 제이가 나의 꿈 이야기를 듣고 놀리듯이 말했다. 내 마음도 모르는 친구들이 야속했다.

"얘들아, 우리 그만하자. 하라 삐치겠다!"
"그래 그래, 이미 스트레스가 한가득인데 우리까지 스트레스를 더할 필요는 없지!"
"우리가 하라를 좀 도울 방법이 없을까?"
"그렇다고 우리가 당장 다모임을 진행할 수도 없고……."

지우와 제이의 말을 듣고, 삐죽 나왔던 입이 다시 들어갔다. 친구들은 내가 생각하는 것보다 생각이 깊다. 그리고 나를 많이 생각해준다.
나는 악몽을 꾸고 일어났을 때 떠오른 생각을 친구들에게 말했다.

"4학년 모임을 하는 건 어떨까? 다모임처럼 2주에 한 번씩. 6학년이 되기 전에 다모임을 미리 연습하는 거야."

지우와 제이가 좋다며 맞장구를 쳤다. 우리는 곧바로 선생님께 달려가 무슨 일이 있을 때만 열리던 4학년 모임을 정기적으로 열자고 말했다. 선생님은 이제 곧 겨울방학이라 남은 시간이 별로 없으니, 일주일에 두 번, 40분씩 모임을 진행하면 어떻겠냐고 제안하셨다.

"좋아요. 선생님, 그러면 한 주의 중간인 수요일과 일주일을 마치는 금요일에 모임을 하면 어떨까요?"

선생님께서는 고개를 끄덕이며 다른 친구들에게도 물어보자고 하셨다. 그러면서 한 가지를 더 제안하셨다. 학교에서 일어나는 일에도 관심을 가져야 하지만 학교 밖에서 일어나는 일에도 관심을 가지자고 말이다. 선생님 말씀을 듣고 보니 일주일에 두 번도 부족할 것 같다는 생각이 들었

다. 다룰 주제도 많고 할 말도 엄청 많을 것 같다.

"자, 그러면 오늘이 화요일이니까 아이들이 동의하면 내일부터 바로 진행할까? 부담스러우면 금요일부터 할까?"
"에이, '하라'는 이미 준비가 다 됐어요!"
"선생님이 당장 내일부터 '하라'고 말만 하시면 된다니까요."
"음. '하라'에게 내일 4학년 모임 의장을 '하라'고 말하고 싶지만, 그 전에 4학년 모임을 어떻게 진행할지 먼저 정해야겠지?"

친구들이 내 이름으로 말장난을 하자 선생님도 장단을 맞춰 주셨다. 우리는 선생님의 말장난에 깔깔 웃었다.

★★★

이제그반 친구들이 모두 모여 4학년 모임 규칙을 정했다. 선생님은 김선생님법을 만들었을 때가 떠오른다고, 그때 우리가 만든 우리반법보다 덜 유치해서 아쉽다고 하셨다. 승우는 선생님의 말을 듣고는 우리반법 2호 '김선생님은 바보다'를 조금 바꿔 '김선생님은 바보라서 4학년 모임에서 조금만 말해야 한다'를 규칙에 추가하자고 말했다. 선생님이 승우를 보고 피식 웃으셨다. 서로를 보고 피식 웃는 두 사람을 보며 우리 모두 다 함께 웃었다.

**4학년 이제그반 모임 규칙**

1. 의장, 서기 등 4학년 모임 역할은 여러 사람이 돌아가면서 하기
2. 모두가 반드시 한 가지씩 역할을 맡기
3. 학교 안팎 구분 없이 다양한 곳에 관심을 갖고 안건을 제안하기
4. 무엇이든 함께 이야기하기

선생님은 우리가 직접 계획하고 진행하는 4학년 모임이 기대된다고 말씀하셨다. 틀려도 괜찮으니까, 정답은 없으니까 하고 싶은 대로 마음껏 해보라고 말씀하셨다. 그러면서 한마디 덧붙이셨다.

"가끔 몇몇 어른들은 어린이들을 보고 미숙하다고 말해. 어린이를 '미래 세대'라 부르면서 오늘, 지금 당장 나누어야 할 이야기에서는 쏙 빼버리곤 하지. '어리니까 투표를 할 수 없다, 어리니까 어른만큼 생각을 할 수 없다, 어리니까 생각을 표현할 수 없다'처럼 말이야. 예전에 우리 학교에서도 저학년은 어리다고 다모임에 참여하지 못하게 했던 일 기억하지? 그 당시 학생들은 어른들의 모습을 자기도 모르게 따라한 걸지도 몰라."

선생님 말씀이 맞다. 나이가 어리다고 생각까지 어린 건 아니다. 우리도 어른들처럼 다른 지역에서 일어난 산불에 관심을 가지고 돕기 위해 노력한다. 우리도 어른들처럼 학교 주변의 환경 오염에 대해 걱정한다. 우리도 어른들처럼 문제를 발견하면 서로 의논해서 해결하기 위해 노력한다.

"선생님이 볼 때 너희는 절대 어리지 않아. 키만 작을 뿐 어른과 같은, 아니 때로는 어른들보다 더 똑똑한 시민인 것 같아. 꼬마 시민이랄까?"

"꼬마라고요?"

"선생님, 뭐예요! 이렇게 큰 꼬마 봤어요?"

'꼬마'라는 말에 도훈이와 상현이가 발끈했다. 선생님은 이마를 탁 치며 우스꽝스러운 표정을 지으셨다.

"아이쿠, 이거 내가 실수했네. 그럼 '작은 시민'으로 하자. 아무튼 너희는 이미 민주주의에 대해 충분히 알고 있으니 선생님은 승우가 말한 것처럼 너무 끼어들지 않고 곁에서 지켜볼게. 곧 5학년이 될 너희와 마지막 남은 시간을

알차게 보낼 생각을 하니 벌써 설레는걸?"

　선생님 말씀에 우리는 모두 감동을 받았다. 우리에게 이미 충분하다고 말해주실 때는 존중받는 기분도 들었다.
　틀려도 괜찮다고 말해주니 용기가 생긴다. 5학년이 되기 전까지 무엇이든 도전해 보고 싶다.
　아니 5학년이 되어서도 용기를 내어 무엇이든 해봐야지. 내년에도 함께 할 친구들이랑 다 함께!

　"그래서 내일 4학년 모임에서는 뭘 할 거니?"

선생님은 감동에 깊이 빠져 들어가던 우리를 건져 올리셨다. 당장 내일부터 4학년 모임을 해야 한다. 뭘 해야 하지? 안건은 뭐가 있지? 머리가 복잡해진다. 다모임을 준비하는 6학년도 이런 기분이었을까?

"일단 밥 먹고 생각하자. 오늘 삼겹살 나오는 날이라고!"

지한이의 말에 다들 빵 터졌다. 그래, 잘 먹어야 생각도 잘 나고 힘도 난다. 삼겹살 많이 먹고 하나씩 시작해 봐야지.

고기를 먹을 생각에 저절로 웃음이 나왔다. 선생님은 나를 보고 왜 헤벌쭉 웃냐고 물으셨다. 삼겹살 이야기를 하려다가 다른 말을 했다. 삼겹살보다 더 깊이, 마음 깊숙이 있던 말이었다.

"학교가 너.무. 좋아서요!"

선생님은 나를 바라보며 다정한 눈웃음을 지으셨다. 선생님도 학교가 너무 좋다는 말과 함께.

**정치하는 아이들**

**초판 1쇄 발행** 2025년 7월 28일
**초판 2쇄 발행** 2025년 8월 27일

**글** 김기수
**그림** 박연옥
**펴낸이** 박혜연

**디자인** 이연수
**마케팅** 김하늘 최명열
**홍보** 임유나 금슬기
**경영관리** 김민아
**펴낸곳** ㈜윌마 **출판등록** 2024년 7월 11일 제 2024-000120호

ISBN 979-11-992478-6-4 (73300)

· 책값은 뒤표지에 있습니다.
· 파본은 구입하신 서점에서 교환해드립니다.
· 이 책은 저작권법에 의하여 보호를 받는 저작물이므로 무단 전재와 복제를 금합니다.

> ㈜윌마는 독자 여러분의 책에 관한 아이디어와 원고 투고를 기다리고 있습니다. 책 출간을 원하시는 분은 이메일 wilma@wilma.kr로 간단한 개요와 취지, 연락처 등을 보내주세요.